Christie VANBREMEERSCH

TROUVER SON IKIGAÏ

Vivre de ce qui nous passionne

FIRST
ÉDITIONS

ISBN : 978-2-412-03399-9
Dépôt légal : janvier 2018
Imprimé en Slovénie

Mise en page : Capucine Deslouis
Correction : Florence Le Grand
Photographies : © iStock

Éditions First, un département d'Édi8
12, avenue d'Italie
75013 Paris – France
Tél. : 01 44 16 09 00
Fax : 01 44 16 09 01
Email : firstinfo@efirst.com

Site Internet : www.editionsfirst.fr

Je dédie ce livre à toutes les personnes qui ont trouvé leur ikigaï.
Merci pour votre passion, merci pour votre réalisme, merci pour le service que vous rendez au monde, merci de nous montrer que c'est possible et de nous aider à croire qu'il y a une voie pour chacun.

Un livre pour se mettre en chemin
et poser des actions concrètes dans la bonne direction.

« And I still, haven't found, what I'm looking for ! » *
U2

* Et je n'ai pas encore trouvé ce que je cherche !

SOMMAIRE

CHACUN CHERCHE SON IKIGAÏ... OU L'A TROUVÉ

« Sommes-nous différents à 18 et à 60 ans ?
Je crois que nous restons les mêmes. »

Hayao Miyazaki

Trop nombreuses sont les personnes autour de moi, et peut-être de vous (et parfois c'est moi, et c'est peut-être vous aussi ?), pour qui le travail est uniquement « alimentaire » ; trop nombreuses sont les personnes qui sentent en elles-mêmes une énergie qu'elles ne savent pas à quoi employer. D'autres entrent dans des engagements bénévoles, et s'y épuisent sans la reconnaissance financière – *idem* pour les artistes qui voudraient vivre de leur art, et n'y parviennent pas.

À l'inverse, et heureusement, nous avons aussi autour de nous des personnes qui, malgré les inconvénients de leur job, s'y éclatent, se sentent utiles, peuvent en vivre (parfois modestement, parfois princièrement), et qui ont trouvé, après de multiples tâtonnements et ajustements ou miracle, du premier coup, le juste équilibre dans leur vie professionnelle entre « là où elles sont bonnes », « ce dont le monde a besoin », « ce qui les éclate » et « ce qui leur permet de vivre ».

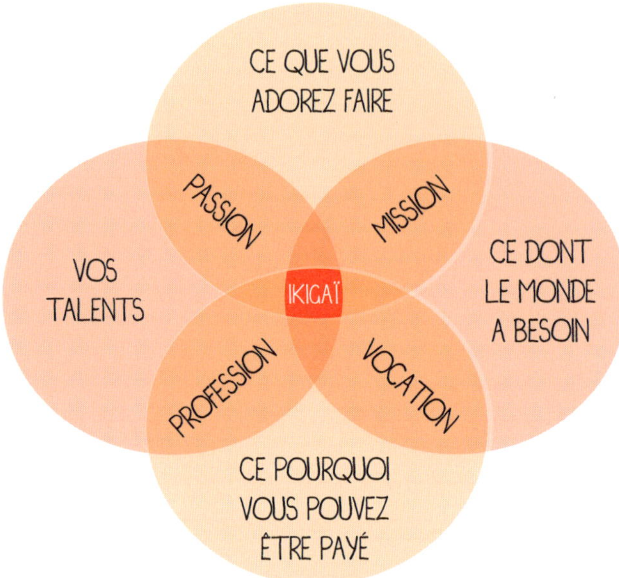

Comme le montre ce dessin, l'ikigaï se situe à la croisée de quatre chemins.

Il est tout petit, le carré de l'ikigaï. Et il est rouge, rouge désir.

Certains passent leur vie à le chercher... Et comme on dit qu'il y a un couvercle pour chaque pot, nous décidons de croire qu'il y a un ikigaï pour chaque être humain. Oui, le postulat de ce livre est la volonté de croire que chacun d'entre nous a quelque part, disponible, un appel, un métier, une passion, qui lui permette de vivre décemment.

Les Américains diraient « *Ikigai is our birth right*[1] » – nous allons leur montrer que l'on peut trouver son ikigaï, sans passer (ou presque) par la case America.

1. Nous avons, en naissant, un droit à l'ikigaï. (Cette phrase sonne tout bizarre, traduite en français !)

Okinawa – Malakoff

« Ikigaï » est un terme... malakoffiot.

Non, c'est une blague, « ikigaï » est un terme japonais généralement traduit par « joie de vivre », « raison d'être » ou « mission de vie ». Bref, « une raison de se lever le matin ».

L'ikigaï fait partie des six facteurs expliquant la longévité exceptionnelle des habitants d'Okinawa, qui est l'archipel (un chapelet d'une trentaine d'îles) situé au sud du Japon, entre l'océan Pacifique et la mer de Chine orientale. La particularité de cet archipel, une des raisons pour lesquelles il est connu, est la longévité de ses habitants, tant en termes d'espérance de vie qu'en nombre élevé de centenaires qui y vivent en bonne santé. Ainsi en 2006, on estimait que les îles d'Okinawa comptaient près de 740 centenaires pour une population de 1,3 million. Selon l'étude sur les centenaires d'Okinawa, menée par le docteur Makoto Suzuki, cela représente environ 50 centenaires pour 100 000 personnes. Dans la plupart des pays industrialisés, le rapport serait en moyenne de 15 pour 100 000[2].

Les six facteurs, par lesquels les chercheurs expliquent l'exceptionnelle longévité et la bonne santé des Okinawais, sont les suivants :

1. L'hérédité ;
2. La cuisine locale (et notamment la forte consommation d'une algue endémique, et aussi des feuilles d'une plante de la famille du gingembre, elle aussi endémique, appelée localement *getto*) ;
3. Plus généralement, une sobriété de mœurs : pas de tabac, peu d'alcool, de la nourriture en quantité raisonnable (une tradition d'Okinawa est de quitter la table alors que l'appétit n'est qu'à 80 % rassasié) ;

2. Source : la bibliothèque en ligne Watchtower.

4. L'activité physique et au grand air tout au long de la vie : marche, pêche, jardinage ;
5. Une vie sociale et des liens forts et joyeux avec les amis, voisins, la communauté ;
6. L'humour, rire, rire, rire beaucoup !

Enfin, dans le dialecte d'Okinawa, le mot « retraite » n'existe pas. Les habitants de l'île sont actifs toute leur vie !!

Tout cela contribuant à donner à chacun, ou à un nombre statistiquement important de personnes, et quel que soit leur âge, une raison de se lever le matin. Le fameux ikigaï.

Pourquoi l'ikigaï ?

Ce qui me plaît avec cet ikigaï, c'est cette non-distinction entre « actifs » et « non-actifs » : à tous les âges de notre vie, nous avons besoin d'équilibre, de liens joyeux, de plein-air, et de mener une activité où nous sommes compétents, absorbés, passionnés, utiles, et susceptibles d'en tirer un revenu suffisant pour vivre.

Cela fait plusieurs années que je dis à qui veut l'entendre (mon mari, principalement) que je vais terminer ma vie à Okinawa. En attendant, nous habitons Malakoff, et comme vous peut-être qui tenez ce livre entre les mains, je ne suis pas absolument certaine d'avoir trouvé mon ikigaï. J'ai bien envie d'aller faire un tour dans cet archipel japonais pour rencontrer et interviewer des personnes qui ont trouvé leur mission de vie – et en attendant d'avoir appris le japonais et touché des *royalties* ÉNORMES pour ce livre et tous les autres que j'écris, je vais commencer par interviewer des personnes de mon entourage qui ont trouvé leur ikigaï.

Des parcours qui nous inspirent !

J'habite Malakoff, qui n'a rien d'une île. C'est une ville de 30 000 habitants, jouxtant Paris par le 14ᵉ arrondissement, avec une forte tradition populaire d'ouvriers du livre et de l'industrie automobile. En 2014, la maire communiste a été réélue au premier tour avec 68 % des voix exprimées et ceci, même si les mignonnes maisons ouvrières et la proximité de la ville avec Paris et ses entrepôts réhabilités en lofts, attirent depuis quinze ans des membres de la *creative class* dont j'estime faire partie. (Je vous l'accorde... *creative class*, c'est un terme américain ; en français, on dirait *les bobos* – et d'ailleurs l'une des questions que l'on pourrait se poser est : Trouver son ikigaï est-il réservé aux bobos ? Est-ce une question luxueuse ?)

« Rire souvent et sans restriction ; s'attirer le respect des gens intelligents et l'affection des enfants ; tirer profit des critiques de bonne foi et supporter les trahisons des amis supposés ; apprécier la beauté ; voir chez les autres ce qu'ils ont de meilleur ; laisser derrière soi quelque chose de bon, un enfant en bonne santé, un coin de jardin ou une société en progrès ; savoir qu'un être au moins respire mieux parce que vous êtes passé en ce monde ; voilà ce que j'appelle réussir sa vie. »

Ralph Waldo Emerson

D'où je parle ?

Je suis Christie Vanbremeersch, j'ai 43 ans. Depuis l'âge de 8 ans, je sais que je suis écrivain mais c'est une vocation que je ne réalise qu'aujourd'hui (depuis 2 ans pour être exacte). Ma vocation au sens plus large est de transmettre tout ce que je trouve, par le biais de la formation et de l'écriture, des photos et du dessin. Et joie : je commence à en vivre, financièrement. Je reçois des revenus modestes (pour vivre en région parisienne), précaires (je ne sais pas de quoi le mois prochain sera fait) et gagnés joyeusement, avec mes dons, en faisant ce qui a du sens pour moi.

Je suis mariée depuis 17 ans avec Nicolas, nous avons deux filles adolescentes et un chien fox-terrier.

Lorsque je n'écris pas ou ne forme pas, je dessine, je prends des photos, je parle avec mes amis, mes enfants, mon mari ou ma mère, je fais du yoga, je fais du vélo, je jardine, je fais macérer des plantes dans tel ou tel alcool ou huile, je brode...

Des interviews lumineuses

Comme je ne peux pas encore aller à Okinawa, j'ai décidé d'interviewer des Malakoffiots et Malakoffiotes (en étendant un peu ma sélection à la banlieue de Malakoff – Paris), et de poser une série de questions à une quinzaine de personnes qui ont trouvé leur ikigaï. Les questions ont été :

QUE FAITES-VOUS ? • QU'AIMEZ-VOUS PARTICULIÈREMENT DANS VOTRE TRAVAIL ? • QUEL ÂGE AVEZ-VOUS ET À QUEL ÂGE AVEZ-VOUS TROUVÉ VOTRE IKIGAÏ ? • QUELLE EST VOTRE SITUATION PERSONNELLE ? • COMMENT AVEZ-VOUS TROUVÉ VOTRE IKIGAÏ ? • COMMENT FAITES-VOUS EN SORTE QUE VOTRE PASSION VOUS PERMETTE DE VIVRE ? • QUELLE EST LA PRINCIPALE QUALITÉ QUE VOUS AVEZ MISE EN ŒUVRE POUR TROUVER CET IKIGAÏ ? • UN FACTEUR CLÉ DE VOTRE ENVIRONNEMENT ? • AVEZ-VOUS UN RITUEL MÉDITATIF ? • UN CONSEIL QUE VOUS POURRIEZ DONNER À CEUX QUI LE CHERCHENT ENCORE ?

(Évidemment, d'une personne à une autre, j'ai oublié de poser certaines questions et d'autres sont apparues en cours d'interviews !)

Les personnes que je suis allée rencontrer ont entre 35 et 75 ans et ils sont : avocate, patron d'une entreprise de maintenance informatique, directeur d'école alternative, éditrice, artiste plasticienne, institutrice, auteur, pédiatre à l'hôpital, curé de paroisse, directrice de la communication, géographe, installateur de système de son/sécurité, journaliste free-lance, formateur, fondatrice d'une entreprise qui aide ses clients à trouver leur job idéal, potière, dessinatrice et facilitatrice graphique.

J'ai choisi d'interviewer toutes ces personnes car depuis toujours ou depuis récemment, je perçois chez eux un plaisir de travailler, de parler de leur travail, une fierté, une énergie, une force de conviction. Bref, je me suis dit que leur exemple, leur sagesse, le récit de leur recherche ou de leur trouvaille, et leurs conseils pourraient être éclairants pour nous tous. Pour eux, qui reviennent ainsi sur leur parcours ; pour moi, qui recueille leur parole ; pour vous, qui recueillez dans leur récit et leurs conseils ce qui fait tilt et vous est utile.

Des inspirateurs et inspiratrices brillants

Au-delà des interviews, vous verrez que chaque chapitre ou presque est émaillé de notes de bas de pages donnant l'origine de certaines phrases, concepts, exercices ou idées. Quand j'y ai pensé, je les ai crédités – mais il y a de nombreux exercices, des phrases, des questionnements que j'utilise depuis tellement d'années qu'il me semble que c'est moi qui les ai inventés (alors que non).

Merci à mes mentors Pierre Girault, Leo Babauta, Chine Lanzmann, Patrick Bord, Anne Bord, Jean-Antoine Bord, Marie-Thérèse Bord, Tina Roth-Eisenberg, Christine Lewicki, Emmanuelle Vignes, Danielle Laporte, Julia Cameron, Marie Milis, Vanina Gallo,

Catherine Aimelet-Perissol, Seth Godin, Thich Nhat Hanh, Didier Hauvette, Sophie Reynal, Yael Azoulay, Nicolas Vanbremeersch, Chimène Vanbremeersch, Alma Vanbremeersch, Martine Camillieri, Christophe André, Catherine Henry-Plessier, Marie Forleo, Françoise Dolto, Henri Gougaud, Jean-Pascal Debailleul, Père Dominique Peccoud, vous tous dont la sagesse m'accompagne depuis des années et m'a aidée à grandir.

Pour qui ai-je écrit ce livre ?

D'un point de vue ikigaïesque, le monde se divise en quatre groupes :

1. Ceux qui ont trouvé un métier correspondant à leurs compétences, à ce qu'ils aiment faire, avec du sens et un revenu qui leur permet de vivre : **les « ikigâtés »**.
2. Ceux qui aiment ce qu'ils font, qui le font bien, et pour qui ça a du sens, et qui ne parviennent pas à en vivre : **les « ikifauchés »**.
3. Ceux qui font bien leur travail et en tirent une rémunération de correcte à bonne, mais s'ennuient profondément dans ce qu'ils font, ou alors souffrent du manque de sens de leur travail : **les « ikennuyés »**.
4. Et enfin, ceux qui dans leur travail ne sont gratifiés ni par l'argent, ni par le plaisir, ni le sens, ceux qui éprouvent un vasouillement et une stagnation dans leur vie professionnelle : **les « ikistagnants »**.

Je dois vous dire tout de suite que je me considère régulièrement *et* alternativement comme un membre de ces quatre catégories. Ces tâtonnements et la difficulté que j'éprouve dans le maintien d'un équilibre m'obligent à l'humilité lorsque j'ai écrit sur le sujet. Et ils m'aident à comprendre que l'« ikigaïtitude » n'est pas un acquis, mais un équilibre qui se cultive et se réajuste fréquemment.

Ce livre est d'abord destiné aux « ikifauchés », « ikennuyés » et « ikistagnants » – tous ceux qui ont conscience de ne pas avoir encore trouvé LEUR voie, ou qui n'ont pas réussi à viabiliser leur vocation, et qui sont en recherche de cet équilibre.

Rassemblons ces trois groupes sous le nom d'« ikichercheurs ».

J'ai écrit cet ouvrage avec l'aide et l'inspiration des « ikigâtés » : tous ceux qui m'entourent et m'inspirent, et ceux qui entourent et inspirent ceux qui m'entourent et m'inspirent.

« Une personne qui vit autorise les autres à vivre », a écrit la poétesse, conteuse, psychanalyste Clarissa Pinkola Estés.

Votre mission si vous l'acceptez : créer les conditions du miracle[3]

La recherche d'une vocation ne peut pas être comparée à un prunier qu'on secouerait et dont les prunes tomberaient l'une après l'autre dans une jolie toile de mousseline que nous aurions tendue pour les accueillir.

Ou peut-être que si.

Car si on secoue les branches d'un prunier en plein hiver, ou bien celles d'un prunier malade, les prunes ne risquent pas de tomber. Notre travail de « chercheurs de notre ikigaï » pourrait s'apparenter à celui d'un jardinier qui ne peut pas faire grand-chose d'autre que créer les conditions d'un verger où les prunes, peut-être, auront envie de pousser. Bon choix de végétaux, bonne terre, bonne exposition, bonne taille, lutte contre les nuisibles et les maladies, attente du moment juste pour récolter les prunes. **Et pour nous, « ikigaïchercheurs » : ouverture, persistance, entourage porteur, sortie de la zone de confort.** *Et caeteri et caetera*, c'est le sujet de ce livre !

3. Ce concept, que j'adore, me vient du très visionnaire et tranquille coach Didier Hauvette.

La constance du jardinier

Nous avons un impact important sur notre vie puisque c'est nous qui agissons : c'est de notre corps, de nos efforts, de notre état d'esprit qu'il s'agit – bref, de notre présence. Pour autant, si nous pouvons *un peu* (en tout cas, plus que nous le pensons souvent), nous ne pouvons pas *tout*. Et surtout, surtout, le *timing*, la forme et le chemin que prennent nos désirs qui le plus souvent finissent par s'accomplir... tout cela, nous ne le maîtrisons pas.

Mais une chose est certaine : les prunes ne tomberont pas toutes mûres dans la toile de mousseline, si nous n'avons pas pris soin de la tendre. Si les prunes ne sont pas arrivées à maturité. S'il a plu tout l'été. Si l'arbre est tombé malade. Une partie du travail incombe au jardinier, et l'autre partie... à la vie ! Et parfois il faut attendre plusieurs années avant de faire une bonne récolte, mais en attendant, si l'on veut un jour se donner une chance de récolter des prunes, on ne peut pas faire l'économie du travail de soin de l'arbre et de son environnement. Et se trouver là au moment de la maturité des fruits.

Votre petit matériel

Pour chercher votre ikigaï et utiliser avec profit ce livre, je vous recommande de choisir, comme si c'était la rentrée, **un cahier neuf dans lequel vous écrirez avec plaisir**. Les miens, je les prends « petit format », 100 pages, avec ou sans lignes, ça dépend. Et avec une belle couverture. Choisissez aussi un bon stylo pour écrire. Et un fluo, feutre épais ou crayon de couleur ou stylo à pointe fine, pour souligner ce qui vous paraît important (dans les notes que vous prenez et dans ce livre).

Vous pouvez aussi investir dans un joli rouleau de scotch « masking tape » pour coller sur votre cahier les cartes de visite et les traces des synchronicités (c'est-à-dire les signes et coïncidences bizarres autant que merveilleux) dont sera parsemé votre parcours.

Apportez aussi votre curiosité

L'autre chose très importante, c'est de mobiliser votre curiosité et votre joie de chercher. Votre joie de rencontrer. Les temps d'exploration peuvent être longs et on se sent un peu « crétin » à errer – devant tous ceux qui ont trouvé – parfois pendant des années à la recherche d'une vocation qui nous permette de gagner notre vie, ou d'un « simple » équilibre. Lorsque l'on cherche, on est dans un entre-deux inconfortable, mais aussi dans un entre-deux d'ouverture. Profitez-en.

Quant à votre curiosité et votre sens de l'exploration, profitez-en aussi pour les utiliser maintenant, car quand vous aurez trouvé votre ikigaï, vous allez, au moins au départ et sûrement pendant un long moment, travailler d'arrache-pied pour percer dans le domaine qui va vous appeler.

Bonne recherche ! Et bonne lecture.

RECENTREZ-VOUS !

« Connais ton os personnel. »

Henry David Thoreau

Je pense à ma copine Éléonore, quand elle me parle de toutes les excuses qu'elle a trouvées pour ne pas aller au bout de son projet. Ou quand elle cherche à faire autre chose puisque son projet ne fonctionne pas (elle n'en vit pas, et je crois qu'elle s'ennuie un peu). Éléonore est surdouée. Éléonore est mariée à un homme qu'elle aime, mère de trois adolescents en bonne santé. Éléonore connaît la ville entière. Éléonore est serviable. Et Éléonore a un énorme besoin de se sentir utile. De l'être.

Éléonore embrasse et accompagne les projets des autres. Elle donne de son temps pour relire la plaquette de ses copains qui créent leur boîte. Elle accompagne chaque jour ses enfants au collège, va les chercher. Elle suspend son destin à la carrière de son mari.

La vérité, c'est que cette vie suspendue aux autres la frustre énormément.

Qu'as-tu fait de mon talent ?

À chaque fois que je passe une heure ou deux avec Éléonore, je me sens triste de ce génie mal employé. Je ressens une dispersion mal vécue. Et j'ai envie de lui crier : « Rassemble-toi. Recentre-toi. Fais ce qui est juste pour toi. Aime, accompagne, rends service... mais à toi d'abord, avant de distribuer tes dons à tous les vents. Valorise ce que tu donnes. Réfléchis à ce que tu veux donner. Aie du respect pour toi. Demande du respect pour toi. »

Évidemment, ce que j'ai envie de lui dire à elle, c'est aussi à moi-même que je le murmure.

Trouver son ikigaï, c'est bien sûr exercer une activité qui va rendre service au monde. Mais c'est aussi ronger son os personnel... Aimer ce que l'on fait... Le faire librement et de manière juste... Et recevoir une gratification pour ce travail. Cette recherche demande d'être centré.

OÙ EN SUIS-JE, MOI ? • QU'EST-CE QUE JE DÉSIRE ? • À QUOI JE DIS OUI, À QUOI JE DIS NON ? • COMMENT JE M'AIME ? • COMMENT JE ME FAIS DU BIEN À MOI-MÊME, TOUT EN AIMANT ET SERVANT DE MON MIEUX CEUX ET/OU CE QUE JE DÉCIDE DE SERVIR ?

Ces questions ne sont pas des questions simples. On n'y répond pas une bonne fois pour toutes. La réponse peut changer, change, en fonction des périodes de la vie.

Ces questions demandent à être étudiées, posées et reposées, et la réponse accueillie, écoutée, pesée. **Connais ton os personnel**.

Comment faire pour se centrer ?

De nombreuses personnes ayant trouvé leur os personnel – et leur ikigaï – le disent et le redisent : elles expérimentent, chaque jour, un ou plusieurs rituels méditatifs. C'est-à-dire, une à plusieurs fois par jour, elles se retrouvent seule (en tenant leur smartphone et toute source « évidente » de distraction à distance) pour faire le vide en elles-mêmes et regarder leurs pensées :

MARCHER • MÉDITER • FAIRE DU YOGA • ÉCRIRE SES PENSÉES ET SENSATIONS SUR UN CAHIER • DESSINER • TRICOTER • COUPER DES LÉGUMES • COLORIER • COURIR • NAGER • JARDINER

Pour résumer, ce centrage passe par du temps « gratuit », pour soi, seul avec ses pensées – actif ou non actif, dehors ou à l'intérieur de la maison, de manière ritualisée ou en variant les modes de méditation.

Chacun a sa ou ses manières de se débrancher du brouhaha du monde et de se poser les questions qui l'habitent.

Un rendez-vous avec soi

La perspective de passer plusieurs dizaines de minutes quotidiennes seule à seule avec moi-même et dans un temps non productif m'a effrayée au départ, quand ma psy me l'a proposée. C'était en 2004, tout dans ma vie allait bien, je commençais à avoir des clients dans mon activité de coach éditorial, nous attendions notre deuxième enfant, et pourtant j'étais super-stressée. Mon esprit ne s'arrêtait jamais, ni le jour ni la nuit, et tournait en boucle sur lui-même. Ma psy, que j'avais commencé à consulter pour cette raison, m'a un jour proposé de me réveiller un quart d'heure plus tôt et de passer un quart d'heure, chaque matin, assise près de la fenêtre à ne rien faire.

Je l'ai regardée d'un air ahuri-furieux. « Moi, vous m'imaginez ne rien faire pendant un quart d'heure ? »

M'arrêter d'agir (en période de veille) me paraissait synonyme de mort clinique.

Elle m'a regardée sans rien dire (non, ce n'est pas son genre – elle a dû dire quelque chose, peut-être reformuler « Tu ne t'imagines pas ne rien faire pendant un quart d'heure ? »)... À la fin j'ai « négocié » 5 minutes de tranquillité. D'in-mouvement. 5 minutes « pas pour ma fille », « pas pour mon mari », « pas pour ma maison », « pas pour mes clients ». 5 minutes pour rester en paix avec moi-même.

Ce n'était pas confortable de rester tranquille, mais force m'a été de constater que :

1. Mon esprit avait, pendant ces 5 minutes, ressenti une paix relative et plutôt agréable ;

2. J'étais pendant le reste de la journée, beaucoup plus disponible pour les autres, et heureuse de me mettre à leur service.

Le point noir dans cette histoire, c'est que j'ai dû reconnaître que ma psy avait raison.

Aujourd'hui, treize ans plus tard, ces 5 minutes sont devenues 90 minutes quotidiennes. Elles se découpent en :

- Pages du matin (20 à 30 minutes au réveil) ;

- Marche avec mon chien (40 minutes à une heure, en deux fois : le matin vers 7 h 30 puis en fin de soirée) ;

- Brève relecture chaque soir (5 à 10 minutes avant de m'endormir).

Le mercredi, en plus, je fais du yoga.

Et toute la journée, j'ai à portée de main un carnet pour y noter mes questions ou mes idées, ou mes réflexions, ou comment je me sens, ou pour dessiner ce que je vois.

Ainsi, si l'ikigaï se profile dans ma vie, j'ai mis quelques chances de mon côté pour le reconnaître et l'attraper.

Et vous, cher lecteur,
quelle pratique méditative avez-vous adoptée ?
Et si vous n'en avez pas encore, y en a-t-il une
qui vous tente ?

ELLE A TROUVÉ SON IKIGAÏ

Guillemette Faure, 51 ans, journaliste, auteur, chroniqueuse – notamment pour les revues *XXI* et *Topo*, et pour *M, le magazine du Monde*. Elle est célibataire et mère de Simone, 8 ans.

Nous nous sommes rencontrées en 2005, lorsqu'elle était correspondante (notamment) du *Figaro* à New York, via nos blogs. Depuis, Guillemette est revenue vivre à Paris, Simone est née et nous sommes heureuses de nous retrouver de temps en temps pour un café au Café Odessa. Je ne loupe aucun de ses articles savoureux dans le magazine du Monde.

« Je me sens à l'aise avec l'appellation "journaliste-auteur-chroniqueur", car on comprend que je ne suis pas chargée de sortir des chariots de scoops. Le truc que je fais le mieux, c'est de sentir l'air du temps, pas de flairer les scandales qui vont faire tomber la république.

Juin, c'est pire que septembre

J'ai eu un pépin de santé en juin 2013. Juin, c'est pire que septembre. On a davantage de tout en juin. Les emplois du temps débordent le week-end, il faut tout boucler avant que les gens partent en vacances, organiser les siennes et prendre déjà un certain nombre de décisions pour la rentrée. Et comme il fait beau, on ne voit pas la fatigue arriver… Au final, à vouloir en faire plus dans tous les interstices libres, je n'ai pas pu travailler pendant deux mois. Cet incident m'a servi à plein de titres, et en premier lieu à protéger mon temps de sommeil. Ça m'a aussi appris à relativiser les pires scénarios. J'étais terrifiée à l'idée de passer pour quelqu'un de pas fiable, en devant m'arrêter… Eh bien, j'ai découvert que quand on est malade, il n'y a aucune catastrophe. Un réseau d'entraide s'est mis en place naturellement, et on a trouvé des solutions pour tout.

Quand j'ai été rétablie, j'ai réorganisé ma manière de travailler. Je me suis mis un cadre. Je fais gaffe à dormir suffisamment, et je m'interdis de travailler après 23 heures.

Le nouveau départ

Sur ma to do list, *il y a trois colonnes : 1. Les trucs que je fais le matin (en général, tout ce qui demande de la créativité et de la concentration) ; 2. Les trucs qui se font l'après-midi (les interviews, rencontres et discussions). Je m'arrête de travailler de 16 h 15 à 20 h 30 pour m'occuper de ma fille, puis si je suis à la maison, je reprends quand elle est couchée, et c'est la 3*e *colonne de ma liste : je traite mes mails, je lis, je me documente... À partir de 23 heures, je lis – surtout de la non-fiction. Je ne déplace pas mes livres. Je préfère en avoir un à côté de mon lit, un dans mon sac et un en cours dans mon téléphone, pour pouvoir lire dans la queue du Monoprix, ou lorsque j'attends chez le médecin.*

Comme je vais chercher ma fille à l'école, je suis obligée d'être très organisée. Si je n'ai pas une bonne relation au temps, d'un point de vue économique ça peut devenir difficile.

L'autre aspect fondamental dans mon organisation, c'est de décloisonner boulot et perso. J'ai eu le déclic en discutant avec un neveu très brillant dans plein de domaines qui a grandi à la campagne. Il m'a dit : "Dans une ferme, tu vois les gens travailler tout le temps". Je me suis dit qu'aujourd'hui, les enfants ne voient plus leurs parents travailler. Parce qu'on a sanctuarisé l'enfance, et parce que le gros de nos boulots consiste à être assis devant des ordinateurs, on n'utilise plus le travail des parents comme source de transmission. Quand ma fille était petite, je me disais "Je n'ouvre pas l'ordi tant qu'elle n'est pas couchée", mais aujourd'hui je l'emmène parfois à des interviews, elle emporte son matériel de dessin et voilà. D'un point de vue féministe, je trouve ça bien qu'elle voie que mon boulot puisse parfois être ma priorité. Et en revenant sur mes souvenirs d'enfance, je me suis souvenue que ma mère était instit et corrigeait ses cahiers le soir, à la maison.

Ce que j'aime particulièrement dans mon métier ? J'aime le fait d'être à l'écoute, de garder des capteurs toujours ouverts. J'aime aussi que mon métier me donne la possibilité de créer une humeur, de donner un ton pour ceux qui vont me lire. Un soir chez des amis, je discutais avec Christophe Boltanski. Il parlait de son travail et m'a dit : "Il n'y a quand même rien que je trouve plus intéressant que de rester une heure à écouter quelqu'un parler de sa vie." À cette époque-là, j'étais rédactrice en chef adjointe pour le site Rue 89 et je faisais surtout du management ! Cette phrase a provoqué un déclic et je suis partie. J'aime le fond du métier.

L'amour de la famille

D'un point de vue personnel, je vis avec ma fille, et nous sommes insérées très profondément dans la tribu familiale. J'ai vécu douze ans à l'étranger. J'ai vécu loin et de ce fait la famille n'est pas du tout quelque chose que je subis. Mon père et ma mère ont respectivement dix et huit frères et sœurs. J'ai près d'une centaine de cousins et petits-cousins et j'essaie d'être de toutes les réunions de famille. Je n'aime pas le discours qui consiste à dire que la famille, on s'en recompose une avec ses amis. Ce n'est pas du tout la même chose.

C'est très facile d'être ami avec ses amis : on les choisit parce qu'ils nous ressemblent, correspondent à ce qu'on est à des moments donnés. La famille, c'est tout l'inverse. Ce ne sont pas ceux que tu choisis, mais ceux que tu te traînes depuis toujours et il faut faire avec – c'est une garantie d'ouverture, une école d'indulgence. Politiquement dans ma famille, ça va de la Manif pour tous aux Insoumis en passant par le cousin qui monte des tippies pour des rencontres chamaniques. Dans les familles nombreuses, on peut avoir des avis théoriques sur certains sujets ou certaines idées, et quand on se retrouve les uns les autres, les choses deviennent incarnées, ça oblige à faire bouger sa façon de penser. Finalement, une famille nombreuse, c'est l'anti-algorithme Facebook, l'assurance de rester en contact avec des gens qui ne vivent pas comme vous, ne pensent pas comme vous. La famille est d'autant plus importante pour moi que je travaille souvent seule, et quand on est indépendant, ce qui manque c'est le sens d'une construction collective.

L'amour des médias et de la liberté

Comment j'ai trouvé mon ikigaï ? Les médias me fascinent depuis toujours. Je suis diplômée de l'école de commerce EDHEC, et j'ai fait l'un de mes stages chez Télérama. *En sortant de l'école, j'ai travaillé dans l'analyse d'audience de télévision au groupe Carat et à Médiamétrie, puis à New York. Pour mes 30 ans, je me suis offert un voyage et suis allée d'Alaska en Patagonie par la route. Avant de partir, j'avais entendu la fille de ma prof de danse à Chartres sur RFI. Je suis allée prendre un café avec elle et elle m'a dit que je pourrais chroniquer mon voyage à la radio. Après cette expérience, j'ai décidé de faire du journalisme mon métier.*

Plongée dans la norme d'une école de commerce où tout le monde semblait intéressé par des métiers qui ne me parlaient pas, j'ai mis du temps à comprendre que cette voie n'était pas pour moi. Mais le fait d'avoir une famille nombreuse, d'être exposée à plein de parcours, m'a aidée à ne pas faire les choses mécaniquement. Comme je suis très sensible à la stimulation des autres, je trouve les façons de vivre contagieuses, alors j'ai quelques personnes autour de moi qui sont des boussoles, qui m'aident à penser out of the box. *Eva Joly, avec qui nous avons écrit un livre. Une tante cancérologue pédiatrique. Ma mère. Ma sœur. Et puis, je fais des vraies pauses l'été, pour sortir de la roue du hamster et avoir le temps de réfléchir. Cet été, j'ai voyagé en travaillant deux mois aux États-Unis, je suis revenue avec de nouvelles idées grâce à ce pas de côté.*

Pour m'engager dans cette voie du journalisme et en vivre, les qualités qui m'ont été les plus précieuses, c'est avant tout mon sens de la liberté, ma capacité à m'affranchir d'une certaine pression sociale. En France, il y a une telle pression du CDI, quand tu cherches un appart, quand tu vas voir ton banquier… J'ai renoncé à mon CDI aux Inrockuptibles *parce que j'avais envie d'être à la sortie de l'école à 16 heures, de pouvoir prendre deux mois de vacances et de ne pas travailler le mercredi. Je savais que ce ne serait pas facile, mais je me sentais très claire sur mes priorités.*

Au début, quand tu quittes un job de salarié pour devenir indépendant, tu as tellement peur du mois suivant que tu essaies d'attraper toutes les balles qu'on te lance. On s'épuise à sauter d'un sujet à l'autre et on a l'impression de jouer en défense, de ne pas donner de sens à l'ensemble de ce qu'on fait. Je me suis depuis familiarisée avec le concept d'intentionnalité, l'idée d'avoir des choses sur lesquelles on a envie de travailler, des directions qu'on a envie de prendre et de voir ses interlocuteurs comme des gens avec qui on va pouvoir construire ça. J'ai une appli de listes sur mon téléphone où je note mes idées : "idées de jobs", "idées d'articles", "idées de livres"... Je les propose aux rédactions que j'aime bien quand on se rencontre. La question que je me pose souvent, c'est "Qu'est-ce que j'ai envie de faire de mes journées ?"

J'ai commencé ma vie professionnelle par des métiers mieux payés. Aujourd'hui, je sais que je ne fais pas celui-là pour l'argent, mais ça me demande quand même d'être vigilante sur la manière dont je l'exerce. Quand on fait un métier qu'on aime, on a tendance à penser que c'est une chance, ça rend plus difficile de parler d'argent. Mais la naissance de ma fille m'a rendue plus décontractée pour évoquer l'aspect financier. Un ancien copain m'avait dit : "Il ne faut jamais faire ses notes de frais quand on est de bonne humeur." Quand je discute rémunération, j'ai à l'esprit que ma vie n'engage pas que moi. Ce qui m'aide aussi pour négocier mes tarifs, c'est que la plupart des gens avec qui je travaille connaissent ma situation personnelle.

Après ma famille et mon métier, le troisième pied de ma vie, eh bien... c'est l'appétit de découverte. J'ai lu un article qui expliquait que le temps passe plus vite quand on vieillit, parce qu'il y a moins de choses que l'on fait pour la première fois. Jusqu'à l'âge de 20, 25 ans, il y a plein de trucs qu'on fait pour la première fois – et c'est cela qui dilate le temps, qui donne un sentiment d'intensité. Alors j'ai le souci de démarrer de nouvelles choses dès que je peux. Je me suis mise au piano il y a deux ans, je ne fais jamais deux fois la même recette de cuisine, je participe à un book club mensuel. Ce club est l'un de mes grands bonheurs, car il croise deux domaines auxquels je crois très fort, l'échange d'idées et l'amitié. Voilà, mon troisième pied, ce sont ces activités et m'assurer qu'il y ait encore beaucoup de premières fois dans ma vie.

Je choisis des gens qui ont une boussole personnelle

Je n'ai pas de rituel méditatif à proprement parler, mais lorsque je fais la vaisselle ou lorsque je vais courir, j'écoute des grands entretiens en podcast, comme l'émission "À voix nue". Je choisis des gens qui ont une boussole personnelle. Je suis quelqu'un d'influençable du coup j'essaie de m'entourer de personnes en qui j'ai confiance, qui elles-mêmes ont une boussole forte.

Un conseil

Je n'aime pas du tout la culture actuelle de la quête du bonheur à tout prix. Pour conseiller quelqu'un qui n'aurait pas encore trouvé son ikigaï... Je dirais que partir du principe qu'on a tous une vocation, un potentiel en nous qui ne demande qu'à se réaliser, ça peut flinguer les gens qui ne trouvent pas leur passion. Je suis frappée par le nombre de jeunes entre 15 et 25 ans qui sont en dépression parce qu'ils se sentent inutiles. Mon conseil, ce serait de prendre comme point de départ des besoins de l'extérieur – quand on y répond, on a le sentiment d'apporter quelque chose et de contribuer. C'est essentiel pour se sentir bien. Je conseillerais de se poser la question de son utilité au groupe, et de se demander "Qu'est-ce que j'apporte ?"

Dire oui à tous les pas de côté

Mon second conseil, c'est de dire oui à tous les pas de côté. Cet été, je travaillais en voyageant (pas trop le choix quand on part deux mois !) et une amie me faisait remarquer que mes chroniques étaient plus réussies que d'habitude. Je passais beaucoup moins de temps assise à ma table que d'habitude, mais en conduisant je gambergeais, le soir sous la tente je pensais à ce que je voulais raconter exactement dans l'article sur lequel je travaillais, bref, je me suis rendue compte qu'en passant plus de temps à réfléchir, à ne pas réduire la vision du travail aux minutes à taper sur un clavier, à passer beaucoup plus de temps dans la conception que dans l'exécution – cela produisait un résultat plus intéressant.

Toutes les occasions qu'on a de sortir de son environnement et de se détacher de ses automatismes, c'est utile.

Mon troisième conseil, c'est de prendre des notes ! Évidemment, mon business, c'est d'avoir des idées. Quand les gens me rencontrent, c'est pour mes idées – et donc régulièrement, avant un rendez-vous, je relis mes listes d'idées pour être force de proposition.

Mon quatrième conseil… C'est de se poser régulièrement la question "Qu'est-ce que je fais sortir de ma vie ?" Parmi les activités à éliminer, il y a toutes les choses que l'on fait mécaniquement ; les choses auxquelles on dit oui car on n'a pas de raison de dire non. Mais pour mettre du nouveau dans sa vie, de nouveaux objets comme de nouvelles activités, il faut être capable de sortir l'ancien qui n'a plus de sens. »

TIREZ LE FIL DE VOS CURIOSITÉS

« Je n'ai aucun talent particulier, je suis juste passionnément curieux. »

Albert Einstein

Lorsque nous cherchons notre voie, on nous enjoint de suivre notre passion. Et parfois, c'est vrai, nous avons une passion. Parfois, elle s'éteint ou se calme. Et certains d'entre nous n'ont pas une nature passionnée. Alors, quoi ? On laisse tomber la recherche de l'ikigaï ?

Vers où diriger nos pas ?

Une des réponses possibles, en l'absence momentanée ou durable de passion, est de suivre le fil de ce qui nous rend curieux.

C'est-à-dire ce qui nous rend curieux, ce qui nous intrigue, ce qui nous questionne, ce dont nous nous disons « Tiens, je creuserais bien », ce qui appelle nos soins.

Petit à petit, une curiosité peut devenir un projet, et un projet, un business. Des histoires de curiosité qui nous ont mené bien plus loin que nous ne l'avions imaginé, on en a tous, non ?

La mienne. Quelques-unes des miennes. Je me suis demandé « Et si je rappelais ce gars que j'ai tant aimé ces quatre dernières années, ça donnerait quoi ? » et nous nous sommes mariés.

Je me suis demandé « Pourquoi les lierres en pot crèvent l'un après l'autre, à la maison ? » et je suis devenue la fille qui fait pousser tout et n'importe quoi.

Je me suis demandé « Cette méthode de créativité qui me tient tant à cœur (*The Artist's Way*, de Julia Cameron), pourquoi il n'y a pas plus de personnes qui l'utilisent ? » et c'est ainsi que j'ai lancé mon premier séminaire de créativité qui sera suivi par de nombreux par la suite.

CES CHOSES QUI ME RENDENT CURIEUSE À CET INSTANT

1. Quel goût va avoir le gâteau au chocolat préparé par ma fille aînée pour le déjeuner ?
2. Que planter d'appétissant dans le potager pour l'hiver et le début du printemps ?
3. Comment cette nouvelle année professionnelle va-t-elle se dérouler pour moi ?
4. Quels trésors vais-je découvrir en interviewant toutes les personnes pour ce livre ?
6. Quels trésors recèle pour moi le livre *La Semaine de 4 heures* de Timothy Ferriss, que je viens d'acquérir ?
7. Que veulent me dire tous les courants souterrains qui s'agitent à l'intérieur de moi depuis un mois ou deux ?

8. Que veulent me dire tous les contes de sagesse auxquels je pense, que je lis, qui m'habitent régulièrement ?

9. Quelle tête aura ce livre une fois terminé ?

La plupart de ces questions ne me mèneront pas plus loin que l'heure du déjeuner. Mais certaines vont peut-être transformer durablement ma vie ou celle de ceux que j'aime. (Si ma fille devient une grande pâtissière... Si je décide de me lancer dans la permaculture... Si je casse la baraque avec cette rentrée... Là où vont me conduire les contes auxquels que je suis en train de penser...)

Et vous, cher ikigaïchercheur, qu'est-ce qui vous rend curieux ces temps-ci ? Prenez votre cahier, votre stylo, et faites la liste de cinq domaines qui attisent votre curiosité.

Choisissez l'un de ces fils et tirez-le : par exemple, documentez-vous de manière simple sur le sujet ou posez une action facile et concrète.

ELLE A TROUVÉ SON IKIGAÏ

Christine Duchêne, coach

J'ai connu Christine Duchêne via ma coach Chine Lanzmann – mais nous nous sommes réellement rencontrées, et mieux connues, via un groupe de business appelé BNI : Business Network International. Nous y avons collaboré pendant un an, et sommes devenues amies. Christine a 45 ans et est devenue coach à 37 ans. Sa devise : Demandez, vous recevrez !

« Mon métier, c'est d'accompagner des hommes et des femmes impliqués dans des projets de transformation individuels et collectifs. Je suis toujours très curieuse de découvrir la singularité des parcours de chacun. J'aime particulièrement les rencontres, les relations qui se nouent et qui se dénouent. Je suis très enthousiaste quand un coaching démarre et heureuse quand il se termine, parce que cela signifie que mes clients ont gagné en confiance et en autonomie. La clôture d'un coaching est toujours un moment de célébration.

D'un point de vue personnel, je suis célibataire et maman de deux grands adolescents, un fils de 15 ans et une fille de 18 ans.

Mon métier de coach est surtout une vocation

Sans véritablement l'avoir cherché, cette vocation s'est construite au gré de rencontres, des synchronicités et d'une profonde envie de contribuer à un monde meilleur. Auparavant, j'étais attachée de presse et à cette époque j'ai éprouvé le besoin de me faire coacher. Puis, appelée par le besoin d'apprendre, j'ai décidé de suivre ma première formation de coaching, dans un but de développement personnel. Au cours de cette formation, la lumière de la vocation m'est tombée sur la tête ! J'ai été emballée, au point que le métier de coach est devenu une évidence.

Une fois la décision prise, il m'a fallu une grande détermination dans la mise en œuvre de mon projet. Les deux qualités sur lesquelles je me suis appuyée pour réussir sont la confiance et la curiosité, et cette combinaison m'a toujours permis de saisir les bonnes opportunités au bon moment.

En termes d'environnement de travail, ce qui est important pour moi, c'est la liberté. Je suis en train de mettre un terme à une collaboration pour cette raison. C'était une belle expérience mais je me sens renaître parce que la fin est proche. Aujourd'hui, je ne veux pas de projet professionnel qui risquerait d'être trop enfermant.

Vivre de mon métier de coach…

Ma relation à l'argent est toujours un sujet de développement personnel, même si cela s'apaise au fil des années. Par exemple, je m'efforce de consommer en conscience. Pourquoi j'achète ce truc ? En ai-je vraiment besoin ou est-ce un achat plaisir ? Et puis j'écoute mon intuition pour investir du temps et de l'énergie dans des projets qui vont porter leurs fruits à moyen terme. Bref, je suis confiante et ça me plaît !

Un rituel méditatif

J'ai un rituel méditatif auquel je suis très attachée, ce sont les marches conscientes que je fais dans le bois de Vincennes. Connectée à la nature et aux éléments, je vis un véritable moment de gratitude. Je ressens aussi une grande clairvoyance pendant ces marches, j'ai de nouvelles les idées qui émergent… C'est un moment précieux.

Être à l'écoute de mes besoins et revisiter mes choix

La manière dont j'entretiens mon ikigaï, c'est de prendre régulièrement du temps pour être à l'écoute de mes besoins et revisiter mes choix. Très souvent, je me demande si mon job me donne toujours envie de me lever et d'aller de l'avant. D'ailleurs, si j'avais un conseil à donner pour trouver son ikigaï, ce serait de le chercher à l'intérieur de soi en se questionnant sur ses aspirations profondes et ses valeurs. Trouver sa mission de vie, c'est se demander quelle contribution au monde on a envie de faire. »

TO DO LIST

DÉCOUPEZ L'ÉLÉPHANT EN MORCEAUX

Ce chapitre que je m'apprête à écrire est le chapitre le plus BANAL du livre. (Et si vous me dites « Nan nan, on a trouvé ENCORE plus banal », je ne serai pas là pour l'entendre.)

Si je prends néanmoins la peine l'écrire pour vous, ce chapitre, c'est qu'il me semble SUPER UTILE et que c'est une idée qu'on oublie souvent.

Vous avez peut-être remarqué que le GROS, GROS ennemi de trouver son ikigaï, c'est la peur. Toutes nos peurs… Et l'une des peurs qui nous paralyse, c'est la peur de ne pas y arriver.

Écrire tout un livre ? Je ne vais pas y arriver

Monter ma boîte, concevoir mon site internet, déposer mes statuts, trouver des prospects, apprendre à vendre, assurer la production ? Je ne vais pas y arriver.

Les « grosses » ambitions, ça fait peur ! Et même les moyennes. Et même les petites, parfois. Mais moins. C'est pourquoi il faut commencer petit.

Imaginez un alcoolique, quelqu'un qui, au contact d'un verre d'alcool, perd le contrôle de lui-même et désire boire toute la bouteille. Un alcoolique qui aurait décidé de devenir sobre a du mal à imaginer TOUTE une vie sans alcool. Les personnes-ressources au sein d'associations comme les Alcooliques Anonymes proposent de ne pas envisager TOUTE une vie de sobriété, mais seulement une journée à la fois. Une journée puis une journée puis une autre journée, toute la vie, mais une journée à la fois. Et si c'est trop dur, une journée, alors on découpe en heures : une heure, puis une heure, puis l'heure suivante sans aller se servir un verre d'alcool.

Il s'agit de trouver la bonne mesure pour soi – l'action qui, si elle fait peut-être un tout petit peu peur, n'est pas insurmontable. Suivie de l'action suivante, qui en découle, et d'une autre, et d'une autre encore.

L'ambition que nous fixons est souvent trop petite dans sa globalité, et trop grande dans ce que nous nous proposons de faire en un coup. Mais pourquoi on s'en demande trop en une fois ?

Je dirais que c'est un coup de notre mental, qui a sa fierté et se vexe. Mais oui, il ne veut pas reconnaître qu'il a peur ; du coup, il se fixe des marches trop hautes. Il ne les atteint pas, et ça lui donne une excuse pour ne rien faire.

Trouver la bonne mesure pour soi

Oui, cela demande de l'humilité de reconnaître qu'on est effrayé par telle ou telle action et qu'il convient de la fractionner en sous-actions plus modestes. Et l'humilité permet d'être réaliste et de se fixer des actions tenables, possibles.

Vous n'allez pas écrire un livre en un jour mais peut-être une, deux ou trois pages chaque jour pendant plusieurs semaines. Puis vous les relirez une, deux, trois (trente fois comme Christine Angot ?) et le livre sera non pas prêt, mais presque prêt, en tout cas suffisamment achevé pour être envoyé à votre éditeur.

Vous n'allez pas monter votre entreprise en un jour, mais peut-être avancer sur le cahier des charges du site internet... contacter un ou deux prospects... etc.

Ne vous mettez pas de bâtons dans les roues en vous en demandant trop à la fois. Fixez-vous, pour toutes les choses que vous désirez faire, une mesure réalisable, un pas simple et concret, un seul. Puis vous fixerez le pas suivant ou il apparaîtra de lui-même.

Quelle que soit l'action que vous vous êtes proposé de faire, si la prochaine action vous semble trop difficile à accomplir, c'est que vous avez besoin de la fractionner en une action plus petite.

La clé, c'est l'action consistante. Comme le dit Dominique Dufour dans l'interview qui va suivre, avec 10 minutes + 10 minutes + 10 minutes, à la fin du mois on arrive à une demi-journée.

IL A TROUVÉ SON IKIGAÏ

Dominique Dufour, consultant, formateur, auteur, professeur !

Dominique et moi avons été mis en relation par une amie commune, Isabelle, et depuis nous intervenons régulièrement dans les projets de l'un et de l'autre. J'aime particulièrement son esprit positif, son pragmatisme, le fait qu'il ait plein d'idées et de ressources, et qu'avec lui les choses aillent vite. J'aime aussi sa curiosité et le sentiment, quand je lui parle, que *The sky is the limit*. Bref, nous ne nous voyons pas souvent mais nous entendons super bien !

« Mon métier ? Je suis consultant, formateur, auteur, prof. Et en parallèle, je produis du contenu sur des sujets qui m'intéressent. Mon sujet principal, c'est tout ce qui est lié à l'entreprenariat individuel et le free-lancing. Comment aider les gens à produire des contenus qui touchent les bonnes cibles ? C'est mon autre sujet, qui recoupe d'ailleurs un peu le premier : les free-lances sont très motivés pour toucher leurs audiences !

Lorsque j'écris, je raconte mes histoires et si ça touche des gens, tant mieux. J'écris de façon brève, à propos de choses concrètes et vécues. J'écris avec une certaine finesse, et un ton qui induit la proximité. Voilà, c'est cela, je pense, que mes lecteurs apprécient dans mes textes. D'ailleurs… Cela m'est égal si ce que j'écris n'intéresse pas la majorité des personnes. Ce qui compte pour moi, c'est que ça intéresse ceux que ça doit intéresser. Je ne cherche pas à convaincre, je cherche seulement à créer de la proximité, et souvent, elle est fondamentale pour développer mon activité et celle de ceux que mes "écrits" vont toucher.

Dans mon métier, ce que j'aime le plus c'est de montrer que les choses sont simples quand on passe à l'action. Les gens ont tendance à les compliquer naturellement… Ce que je leur dis, c'est "La solution est en face de vous et vous ne la voyez pas." Je leur pose des questions, je leur fais des propositions, je leur donne le mode d'emploi : "Pourquoi vous ne faites pas ça, et pour le faire il faudrait faire ça, ça et ça." Les gens pensent que c'est compliqué alors que ça ne l'est pas. Voilà, je leur donne des autorisations à faire.

Affronter la résistance, autour de soi et en soi

Et pour passer à l'action, je leur conseille d'accomplir de petits pas. Pour certains, c'est difficile de passer à l'action ! Il faut affronter la résistance, autour de soi et en soi. Or, le plus souvent, la première action détermine les succès qui vont suivre. Moi, j'oriente et j'encourage ces premiers petits pas.

Un autre aspect que j'aime dans ma manière de travailler, c'est la liberté et notamment la liberté de donner corps à mes idées. Le lundi j'ai une idée, le mardi je fais un post sur mon blog pour l'expliquer, le vendredi j'ai un premier client. Ça, j'adore. C'est comme ça que je suis devenu formateur, du jour au lendemain. En travaillant avec les free-lances, j'avais remarqué qu'ils cherchaient à se faire connaître et que pour certains c'était difficile. J'ai donc imaginé un module de formation, et annoncé : "Je propose trois dates pour la formation Développer sa notoriété, et hop, à côté, j'ai mis un lien Paypal". En me réveillant le lendemain, j'avais un premier client : j'étais devenu formateur !

Une bonne pression

D'un point de vue personnel, je suis père de jumeaux, une fille et un garçon, en classe de seconde. Dans la famille, je suis le principal apporteur de revenu. Ça me met une pression et pour moi c'est une bonne pression : je suis rapide, je lance les idées et je vois si ça prend. Si ça ne marche pas, je n'attends pas trois mois pour passer à autre chose.

Je pars de ce que j'aime bien

Mais alors mon ikigaï... Je ne sais pas si je l'ai trouvé. Je pars de ce que j'aime bien. Je vois si je peux en parler, je réfléchis à des formats, puis je regarde si et comment ça peut devenir une source de revenus.

Depuis un an, j'apprends le chinois – et depuis un an que je fais du chinois, il m'est arrivé plein de trucs extraordinaires. J'aime tellement cette culture et cette langue que je regarde si je peux développer une partie de mon activité en Chine. Comme pour tout, je pars de tout ce que je peux faire, tout ce que je sais faire, et j'explore. L'exploration me permet de rencontrer plein de gens, je suis très ouvert aux demandes que l'on va me faire. C'est un casse-tête chinois dans le bon sens du terme.

Faire en sorte qu'une discipline qui m'intéresse me permette de vivre, je ne trouve pas ça très compliqué. Toutes les activités que j'entreprends, elles m'intéressent et je les aime bien. Quand on aime ce que l'on fait, on ne triche pas. Je parle avec mes vrais mots ; je veille à me différencier ; je mets dans mes recherches de la régularité et de la persévérance. Lorsque je fais tout cela, les contacts fructueux et le business arrivent assez naturellement.

Je suis confiant par rapport à ce que je peux faire et apporter

Tout passe par l'action en fait, petite, moyenne ou grosse selon les jours, selon les travaux et les sujets. Pour mon projet de développer les affaires avec la Chine, je me suis fixé de contacter chaque jour au moins une personne en Chine en lien à ce que je peux faire ou pourrais apporter. Et donc tous les jours, je passe autour de 10 minutes sur LinkedIn à cibler les interlocuteurs et à discuter avec eux. La répétition, la régularité de l'action aident à avancer et à se poser moins de questions. Bien sûr que je réfléchis, mais en amont, puis en aval de l'action. La réflexion découle de l'action, "Qu'est-ce qui dans ce que j'ai fait a marché, n'a pas marché, qu'est-ce que je continue à faire et comment je réajuste le tir." Je dis à mes clients, "Faites d'abord et réfléchissez après." Tant que l'on n'est pas passé à l'action, la plus belle réflexion du monde reste des mots sur une feuille.

Un facteur clé de mon environnement ? Il est familial. Je suis le premier à avoir eu le bac dans ma famille, à avoir fait des études supérieures, à les avoir financées par moi-même. J'ai suivi une formation de journaliste, c'est un métier où tu n'as pas un job qui t'attend tout cuit à la sortie de l'école. Tout de suite, j'ai été obligé de trouver un angle, de vendre mes papiers. J'étais toujours en mouvement, à faire des choses, bouger, contacter des gens... Cette attitude m'aide pour la façon dont j'exerce mon métier aujourd'hui. Je me dis qu'à mon niveau, je peux changer plein de choses. Et puis, mes jumeaux m'inspirent.

Passez en mode action

Un conseil que je pourrais donner à ceux qui cherchent encore leur ikigaï, c'est "Passez en mode action". L'action vous aide à déterminer votre motivation, à affiner votre réflexion. "Je fais peut-être fausse route..." : l'action permet de le vérifier.

Posez-vous les questions de ce que vous voulez vendre, à qui, combien. Et pourquoi vous voulez faire ça, et comment vous voulez le faire.

Et ensuite, régularité et confiance. Pour chaque objectif que vous vous fixez, faites un plan d'action très simple, avec une petite action chaque jour. Si vous y passez 10 minutes par jour, sur un mois ça fait une demi-journée. On peut en faire des choses, avec 10 minutes par jour. »

DEMANDEZ RESPECTUEUSEMENT À VOTRE INCONSCIENT[1]

Par où commencer ? Quel bout de ficelle attraper ?

La tâche paraît si vaste... ou au contraire, on ne voit pas de prise à ce mur de notre vocation.

Mais des prises, il y en a. Elles sont là, même si vous ne les voyez pas encore. Imaginez que vous vous trouviez devant une bibliothèque qui abrite un passage secret. Une manette cachée donne accès au passage. À certains, cette manette apparaît tout de suite, et à d'autres, cela prend plus de temps, et de nombreuses itérations.

À QUOI SUIS-JE APPELÉE ?

C'est une question que je me pose depuis l'enfance Comment gagner ma vie avec mes dons ? C'est une question que je me pose

1. Cette phrase m'a été soufflée pour la première fois – offerte, dirais-je – par mon client, coach et ami Didier Hauvette.

depuis mes deux premiers échecs professionnels. Quels sont mes dons, mes dons singuliers ? Cette question revient un peu moins souvent depuis que j'ai fait un bilan de compétences.

Pour quoi suis-je faite ?

Très régulièrement, je me questionne. Le matin, lorsque j'écris mes trois pages. Le soir, avant de me coucher (je pose alors mes questions sur un petit carnet). À des périodes charnières ou quand je me sens « mollir », je fais des collages de mes questions.

J'obtiens de temps à autre des réponses au moment où je questionne… Mais rarement. Parfois la réponse prend des années à venir. Et j'ai confiance, je sais qu'elle va arriver, car elle est toujours arrivée. Elle arrive à sa manière à elle. Quand c'est le bon moment pour elle (c'est-à-dire, pour moi – quand je suis prête à l'entendre). La seule chose que je sais à présent, c'est que les réponses reçues risquent de me surprendre – certaines fois même, de me contrarier –, tant elles diffèrent de ce que j'avais imaginé. La plupart du temps, je suis obligée de reconnaître que la vie a bien plus d'imagination que moi.

Il y a cette histoire, cette histoire de l'Ancien Testament dans le premier livre – qui est le livre de la Genèse –, cette histoire de Moïse qui entraîne tout un peuple vers la terre que Dieu leur a promise, et comme vous le savez, en quittant l'Égypte, ils quittent l'esclavage mais ils en prennent aussi pour quarante ans d'errance dans le désert. Moïse et tout son peuple errent dans le désert, mais Dieu leur a promis que jamais ils ne manqueraient de pain. Or, les premiers jours, du pain ils n'en ont point et ils commencent à crier famine. Moïse, qui est un peu leur responsable syndical, va réclamer auprès du patron, qui promet « D'accord, d'accord, demain matin et tous les autres matins (sauf le samedi car c'est le jour du Shabbat), pour le petit-déjeuner vous aurez du pain. Chacun doit prendre selon ses possibilités et ses besoins, sauf le vendredi, vous prendrez double ration en prévision du Shabbat. » Tout le monde se couche satisfait, en rêvant aux belles miches bien rondes dans lesquelles ils pourront croquer en buvant leur café… Et le lendemain, au réveil, ils découvrent que la terre couverte d'une croûte granuleuse. Tous s'exclament « Manaou ! » ce qui veut dire en gros « C'est quoi ce truc ? » Hé bien, c'était le pain que Dieu leur avait promis ; qui n'avait pas l'aspect bien formé de miche, mais une forme bizarre de croûte, et cependant tout aussi nourrissante et tout aussi abondante.

Les questions que l'on pose à notre inconscient sont comme cette requête adressée par Moïse et son peuple à Dieu. La manne bizarroïde qui tombe assurément, ce sont les réponses que nous recevons, et qui prennent cette forme-là, inattendue et nourrissante, pour peu qu'on accepte de changer son idée et de les goûter.

La seule chose à faire, quand on ne sait pas où doivent nous porter nos pas, est de poser respectueusement la question à notre inconscient. Par respectueusement, j'entends « avec douceur et persistance. » Avec confiance que la réponse viendra, en son temps et avec sa forme. Et, si cela vous aide (moi cela m'aide), vous pouvez l'accueillir au moyen d'un carnet à portée de main pour noter les réponses qui vous viendront.

Cher lecteur, cher chercheur d'ikigaï, essayez ceci : remarquez les moments où vous êtes réceptif et posez vos questions – à Dieu, à la vie, à votre inconscient, ou à rien si vous ne croyez à rien, comme vous lanceriez une bouteille à la mer. Puis soyez attentif aux réponses que vous recevrez. Je vous conseille de suivre les directions qui vous seront données, même, et surtout, si elles vous semblent bizarres.

ELLE A TROUVÉ SON IKIGAÏ

Camille Pinet, géographe

Camille a 41 ans. Nous nous sommes connues en 2006 par l'entremise de nos blogs respectifs. Ce que j'ai oublié, c'est comment nous avons décidé de créer ensemble un vide-dressing intitulé Ça t'ira mieux qu'à moi. Une fois par an, en novembre, nous invitons toutes nos copines à venir vendre pas cher les vêtements qu'elles ne portent plus. C'est l'occasion pour Camille et moi de nous retrouver, de revoir nos copines, de goûter de bons cakes ou cookies et de refaire notre garde-robe ! En novembre 2017, nous organisons le dixième Ça t'ira mieux qu'à moi. Mais écoutons Camille nous parler de son métier...

« Je suis chef de projet – c'est-à-dire que je fais faire (plus que je ne fais). Mon job, aujourd'hui, est de faire découvrir et utiliser l'information géographique, le plus souvent à l'étranger. Je travaille chez IGN FI, une structure privée créée il y a trente-et-un ans par l'IGN pour exporter son savoir-faire à l'international. Peu à peu, nous nous sommes diversifiés, et aujourd'hui nous intervenons pour le cadastre, le foncier, dans les domaines de l'environnement, de l'agriculture... Comme l'agro était ma formation initiale, je me positionne naturellement sur la forêt et l'agriculture – ces dernières années, principalement en Afrique.

Attention, parce que j'aime tellement mon boulot que je peux devenir intarissable quand j'en parle ! J'aime les interactions entre collègues (nous sommes une boîte de vingt-six personnes, presque une famille) et avec nos interlocuteurs chez les partenaires ou les clients. Je ne travaille pas forcément sur des problématiques très pointues techniquement, mais quand je vois que dans un ministère d'un pays d'Afrique, on utilise les images satellites et que j'ai contribué à monter ce projet... je suis fière. Je gère un pro-

gramme qui vise à favoriser l'utilisation de l'image satellite par les Africains eux-mêmes, en vue d'améliorer la connaissance de l'utilisation des terres, et surtout de son évolution : urbanisation, reforestation, déforestation, agriculture… Avec eux, je gère plusieurs sous-projets et sous-programmes – en essayant au maximum de transférer de la compétence. Une autre chose que nous organisons, ce sont des conférences panafricaines, où les experts africains se rencontrent et échangent.

J'aime particulièrement les nouvelles rencontres quand je voyage. Même si les voyages sont courts, au passage je découvre des cultures qui ne sont pas les miennes et ça me plaît. Je réalise six, sept, huit missions d'une semaine par an, mon secteur comprend tous les pays du bassin du Congo, le Cameroun, le Gabon, le Congo, la République démocratique du Congo, la République centrafricaine, et aussi l'Afrique de l'Ouest, la Guinée, le Bénin, la Côte d'Ivoire… Idéalement je devrais aller au moins une fois par an dans chacun de ces pays !

Les missions sur le terrain représentent 10 ou 15 % de mon temps mais se préparent longtemps en amont. Ce ne sont jamais des missions one shot, *je reste en contact par mail ou par téléphone avec mes interlocuteurs.*

J'ai commencé dans cette entreprise et à ce poste, dès ma sortie d'études. À l'époque, j'étais célibataire, sans enfants, et je pouvais partir en mission pendant plusieurs semaines ! Et puis j'ai rencontré Aymeric, nous avons aujourd'hui quatre enfants, et cette situation me conduit à ne pas faire tout ce que je voudrais faire dans mon boulot. Parce que je place en premier la vie de famille, quand même… Avant chaque mission, c'est difficile pour moi de partir, je n'ai pas du tout envie de lâcher la maison, mais dès que je suis sur place, j'adore. Ces parenthèses me font du bien ! Mes missions, aujourd'hui, excèdent rarement une semaine, je m'arrange pour être de retour le week-end.

Mon ikigaï ?

Je ne l'ai pas vraiment cherché, il s'est présenté à moi. J'ai passé un bac C, j'ai fait une prépa, j'ai choisi math sup bio, ça m'a plu, puis j'ai intégré une école d'agro. Là, j'ai découvert que je n'avais pas le profil écolo, passionné et engagé de mes congénères, du coup à l'école j'ai choisi toutes les orientations qui me ramenaient vers l'informatique, les maths, la logique – et j'ai atterri dans les images satellites. J'ai débarqué dans cette boîte pour faire un stage et on s'est bien plu, alors ils m'ont gardée et je les ai gardés aussi. Je suis tombée sur des personnes que j'ai admirées, à commencer par le créateur d'IGN FI, il y a aussi des collègues qui sont là depuis toutes ces années et que j'apprécie. L'aspect international de l'entreprise et de mon boulot fait que depuis presque vingt ans que j'y suis, je ne me suis pas ennuyée. Les premières années, j'ai alterné des projets en Russie et en Tunisie... puis je suis beaucoup partie en Slovénie, en Angleterre, en Roumanie... et depuis quelques années, je me concentre sur l'Afrique subsaharienne.

Quand je réfléchis, les quelques périodes dans ma carrière où j'ai eu l'impression de m'ennuyer, c'était toujours pré- et post-congé maternité, ces moments où forcément je voyageais moins. L'alternance entre Paris et un autre pays, c'est ça qui me plaît vraiment dans ce job.

L'ouverture, le désir et le facteur chance

Ma qualité principale, pour trouver cette voie professionnelle qui me convient super bien encore aujourd'hui, je dirais que c'est l'ouverture et le désir, pendant mes études, de ne pas me laisser enfermer dans une voie. Encore aujourd'hui, je ne me dis pas que je vais faire ce métier toute ma vie. Je n'exclus pas de changer du jour au lendemain. La qualité qui me sert beaucoup ces temps-ci, c'est mon côté anti-conflit. J'arrive sans que ça me pose de problème, à faire travailler ensemble des personnes qui sinon auraient du mal. On me remercie d'avoir mis en relation, aidé, organisé, animé, j'arrive à apaiser !

Un facteur clé dans mon environnement, c'est quand même la chance ! Je suis bien tombée sur cette boîte du premier coup. Et pour vivre l'aspect international de mon job, c'est aidant d'avoir un mari qui est aussi père au foyer. Évidemment, il espérait m'avoir davantage à la maison, mais quand je suis en Afrique, il assure.

Mon rituel méditatif

C'est d'aller et de rentrer du bureau à vélo ou à pied. Mes pensées s'évadent. J'appelle ma maman... Un autre aspect de ma vie essentiel à mon équilibre, c'est d'avoir toujours plein d'idées et de projets en tête – des projets de bricolage, couture, ou créations en tous genres. Paradoxalement, c'est pendant les périodes où je n'arrive plus à faire grand-chose de mes mains que je me sens débordée et frustrée par mon travail – je me dis qu'il empiète trop sur ma vie. Oui, je me sens mieux dans ma famille et dans mon boulot, si j'ai d'autres activités à côté – et c'est plus facile quand c'est une activité où je suis engagée, comme lorsque je suis déléguée à l'école des enfants.

J'ai toujours l'impression que je n'ai pas assez de temps pour la famille. Cette année, je m'organise pour aller chercher les enfants une fois par semaine à l'école.

Un conseil

C'est de ne pas forcément vouloir trouver sa voie du premier coup. Même sans avoir changé de boulot, j'ai l'impression d'avoir changé plusieurs fois de rôle, par exemple aujourd'hui, on vient me chercher pour apaiser des conflits, ce qui n'était pas le cas lorsque j'ai commencé ma carrière.

Un truc drôle, c'est qu'enfant j'étais fascinée par les cartes topographiques et géographiques en tous genres. Je n'ai pas cherché à me spécialiser là-dedans et pourtant, c'est là que je suis arrivée. »

SI C'ÉTAIT SIMPLE, COMMENT CE SERAIT ?

Tout le monde vous le dit : « C'est beaucoup plus simple que vous ne le pensez. »

Ah...

Nuance : tout le monde vous le dit, *qui a trouvé son ikigaï.*

« Je ne t'appelle pas, parce que je ne suis pas prête. » ; « Je ne filme pas, parce que je ne suis pas pro. » ; « Je ne poste pas encore mon offre, parce qu'elle ne me convient pas totalement. » La paralysie, l'inertie, liées à notre perfectionnisme.

Comment ce serait, si c'était simple ?

Je passerais ce coup de fil pour renouer la relation ET nous nous mettrions d'accord sur un plan d'action. Je posterais une offre imparfaite ET l'améliorerais au fil de l'eau, au fil des *feedbacks* reçus. Je dirais oui à ce qui amuse et fait chanter mon cœur, et non à ce qui l'angoisse et lui pèse. J'écrirais le brouillon de ma nouvelle offre de service, en un quart d'heure, pour me détendre entre deux textes.

CETTE QUESTION, « COMMENT CE SERAIT, SI C'ÉTAIT SIMPLE ? », OUVRE DE NOMBREUSES PORTES.

Easy does it, but do it, disent les Américains. Cela nous amène au « découvreur » de l'Amérique, Christophe Colomb. De retour de l'une de ses expéditions, lors d'un dîner donné en son honneur, un invité a tenté de minimiser son exploit : « Il suffisait d'y penser ! ». Pour répondre à cette provocation, l'explorateur aurait proposé un défi aux autres convives : « Sauriez-vous faire tenir debout un œuf dans sa coquille ? » Personne n'a réussi, sauf Christophe Colomb, qui aurait écrasé « simplement » l'extrémité de l'œuf – l'œuf était dur – et se serait écrié : « Il suffisait d'y penser ! » Et de le faire, aurait-il pu ajouter.

Se mettre en mouvement

Alors voici votre mission, si vous l'acceptez : découpez votre programme en une somme de toutes petites actions simples que vous saurez réaliser. Simples, et pourquoi pas, joyeuses.

ACCEPTEZ DE VOUS TROMPER • ACCEPTEZ QUE CE NE SOIT PAS PARFAIT DU PREMIER COUP • ACCEPTEZ QUE VOTRE ENTREPRISE, QUE VOS ENTREPRISES, SOIENT UNE SUCCESSION D'ESSAIS – ERREURS – NOUVEAUX ESSAIS – NOUVELLES ERREURS.

Seule l'action peut vous permettre de discerner ce qui, dans ce que vous faites, fonctionne bien et ce qui peut être amélioré.

Le problème avec la simplicité, c'est que notre esprit, exactement comme l'invité à la table de Christophe Colomb, dénigre ce qui est trop simple. Cet abruti de mental nous dit (en gros) : « D'un côté, la marche que je te fixe est trop haute, tu vas te rétamer, et de l'autre, si tu te fixes une marche plus petite, à ta portée celle-là, tu es un nabot. » Ennemi de l'action ce mental vous dis-je !

Qui ne tente rien, n'arrive à pas grand-chose. Tentez ! mais tentez simple.

Depuis que j'ai commencé à écrire ce chapitre, j'ai pour ma part appelé l'amie qui m'aide à suivre mon administratif. Je me suis rappelé avec plaisir l'histoire de l'œuf de Colomb et remotivée pour lancer un nouveau service (prochaine étape, trouver une date de lancement). *Easy does it, my friends !*

Une dernière chose : le choix du timing

Parfois l'action est mûre. Parfois, elle ne l'est pas. Plutôt que de vous flageller parce que vous procrastinez, cherchez les raisons de cette procrastination, *qui le plus souvent sont bonnes* ! Ou bien, dites-vous « Je le ferai demain ». Et tenez cette promesse – et tant pis si vous le faites après-demain. Je ne dis pas ça par laxisme ; mais certaines fois, même pour des petites actions très simples, on n'est pas prêt. Et il y a des raisons pour cela, que l'on connaît ou qui nous échappent – jusqu'au jour où on se met à agir car c'était le bon moment.

Un de mes projets a mis neuf mois pour naître – cela m'énervait, j'avais prévu qu'il sorte en septembre et il est sorti en mai. Et avant de le lancer, j'avais besoin de faire un grand ménage dans ma vie professionnelle, et aussi de trouver le bon nom pour ce projet, toutes choses qui ont pris du temps. J'avais aussi besoin de ressourcer mon envie de partager, d'imaginer, etc.

Une fois que ces éléments ont été réunis, la formalisation de l'offre et son lancement sont allés très vite. *Easy did it!*

C’est très subtil, de discerner si ce qui nous retient est de la peur (que l’on peut surmonter) ou de vraies bonnes raisons ou un mélange des deux. Faites confiance à votre inconscient.

Cher lecteur, cher ikigaïchercheur, à votre tour de faire la liste de toutes les actions simples qui sont à votre portée pour avancer sur votre projet, ou dans votre recherche.

Prenez votre cahier, votre stylo, et au milieu d’une double page, écrivez : « Si c’était simple, qu’est-ce que je ferais ? » Entourez la phrase d’un ovale et tracez les rayons du soleil avec vos réponses.

Puis choisissez-en une et agissez.

IL A TROUVÉ SON IKIGAÏ

Père Baudoin Tournemine, curé de la paroisse de Malakoff depuis septembre 2015

Ce qui m'a séduit chez le Padre, c'est son humour. Puis sa vigueur. Il nous secoue ! J'aime aussi qu'il voie et nomme le beau dans chaque personne qu'il rencontre. Et j'aime travailler avec lui, quand on anime une messe, quand on écrit ensemble la prière universelle. Bref, le père Tournemine est devenu mon ami et mon père spirituel.

« Quel est mon métier ? C'est délicat… Ecclésiastique ? Agent d'église ? Curé de paroisse ? Oui, depuis deux ans, je suis curé de paroisse.

J'ai 66 ans. J'ai su, pour ma vocation, quand j'étais petit, entre 9 et 12 ans : j'ai reçu des appels intérieurs, spécifiques, plusieurs fois répétés, dans ma conscience et mon recueillement. J'ai aussi été appelé par des témoins, particulièrement des aumôniers militaires – leur liberté, leur plan d'action ! Et du point de vue de la mission, c'était assez clair : les gens sont nombreux à ne pas comprendre pourquoi ils vivent. Ils n'ont pas de moteur de vie. Je me suis dit : "Il faut répondre à cette question, qui en réalité est un appel. S'il y a une vie, il faut expliciter les raisons de vivre."

Ce que j'aime dans cette vocation, c'est la rencontre. La rencontre avec débat et recherche commune. La seule question qui m'intéresse, c'est "Qu'est-ce qui vous fait vivre ?"

Je suis célibataire. Je ne me suis jamais marié car je ne voulais pas être limité par la vie de famille. À Malakoff, le curé vit seul. Lorsque j'étais aumônier de l'armée, c'est-à-dire pendant la partie la plus importante de ma vie ecclésiale, je vivais avec des camarades. Nous avions un projet commun, une action commune ! Ensuite, pendant quinze ans j'ai été aumônier à Roissy. Et puis, j'ai dû quitter Roissy pour venir animer la paroisse de Malakoff... Là, la vocation commune, c'était le voyage.

Les qualités qui m'aident à vivre cette vocation, ce sont le sens du devoir, l'abnégation, l'honneur, le leadership.

Ce que la vie doit être

Et puis, la vie de prière est clé. La prière me donne tous les jours un appel à ce que la vie doit être. Je prie avec le bréviaire, avec les psaumes, et je prie avec les faits du jour. La prière du matin n'est pas la même que celle du midi ou celle du soir. Le matin, je demande comment la journée va être belle, et le soir je fais mémoire : bon, qu'est-ce que j'ai vécu, quels sont les appels dans ce que j'ai vécu qui vont me permettre d'envisager le lendemain ? Quelles sont, ici et maintenant, mes raisons de vivre ?

J'ai été aumônier militaire toute ma vie jusqu'à maintenant. Mon but était d'être là où les militaires servaient, d'être leur référent spirituel. Quitter la vie militaire, ça a été terrible. Je me suis incliné devant l'appel répété du diocèse... il fallait à Malakoff un prêtre qui endure. C'est un grand chantier, une paroisse !

Continuer à être avenant

D'un point de vue financier, j'ai vécu avec le SMIC toute ma vie. On se débrouille avec ça ! L'argent n'a jamais été pour moi un problème. Le problème, c'est de continuer à être disponible, avenant. Et puis il y a la difficulté de trouver un alter ego.

Mettre de la tendresse dans sa vie

Un conseil ? J'accompagne de jeunes professionnels sur ce sujet, la vocation, c'est une question très prégnante quand on a 30 ans. Je leur dis "Apprenez à vous connaître, pour agir là où vous êtes doué. Le reste, on ferme les yeux. Multipliez vos dons !"

Et puis, je conseille de mettre de la tendresse dans sa vie. Savoir pourquoi on vit et le savoir chaque jour. Qu'est-ce qui en moi renaît ? »

QUEL ÉTAIT VOTRE RÊVE D'ENFANT ?

C'est étonnant de voir combien d'ikigaï trouvent leurs racines dans l'enfance. « Entre 9 et 12 ans », a dit le père Tournemine en parlant de sa vocation de prêtre. Une bonne partie des personnes que j'ai interviewées se souviennent que, dans l'enfance, ou l'adolescence, elles avaient déjà ce souhait, ou ce don exprimé, ou un intérêt marqué pour le domaine qui est aujourd'hui leur domaine d'activité.

Dès l'âge de 8 ans, sans avoir jamais jardiné, et très peu écrit, j'avais décidé que je serai jardinière, factrice et écrivaine. J'aimais tellement cela, recevoir des lettres ! J'aimais aussi la poétique des jardins ; et les livres, et les cahiers, et les histoires. La première fois que j'ai pleuré dans mon lit à la fin d'un livre… Les quarts d'heure passés chaque soir blottie contre Maman qui nous faisait la lecture… Les fous rires et la perplexité parfois lorsque Papa nous racontait l'une de ses histoires drôles… Lorsque je plongeais dans une histoire bien racontée, je ne pensais plus à rien d'autre, je ne ressentais plus ni angoisse ni fébrilité, je devenais les personnages de l'histoire, je vivais leurs dilemmes, leurs affres, leurs joies.

Quelle grâce, le temps d'un récit, et bien après, quand il m'habite et creuse dans mon imagination ses petites galeries, d'être libérée de mes propres tourments ! Bref, j'ai eu envie d'offrir ça à d'autres, et le désir de raconter mes propres histoires m'est venu très tôt. Aujourd'hui pourtant, quand j'écris, je n'invente pas beaucoup d'histoires – mais j'en raconte. Je les trouve, ou ce sont elles qui me trouvent et me donnent la mission de les faire passer. C'est à cela que je m'emploie de mon mieux.

Et je suis heureuse de retrouver dans chaque histoire qui désire passer par moi, la même joie inaltérée de mon enfance.

Cher lecteur, cher ikigaïchercheur, retournez par la mémoire à votre enfance et à votre adolescence. Quelle activité, quelle pensée, quelle fantaisie vous procurait alors intérêt, plaisir, oubli de vous-même, ou au contraire réparation des injustices, comme Dominique Dumas, devenue avocate, qui a compris dès l'âge de 7 ans qu'il valait mieux pouvoir et savoir se défendre ?

Prenez votre cahier et votre bon stylo.

Notez cinq choses que vous aimiez faire enfant.

Puis cinq traits de caractère que vous appréciez chez vous. Quoi, encore ? Oui, encore. On ne s'aime jamais assez lorsque l'on recherche son ikigaï.

ELLE A TROUVÉ SON IKIGAÏ

Dominique Dumas, avocate d'affaires associée au sein du cabinet Dumas Structure.

Dominique et moi nous sommes rencontrées car nous faisions partie du même groupe de business, mon fameux BNI. Lorsque je l'ai vue pour la première fois, elle était invitée dans le groupe et j'ai eu envie qu'elle nous rejoigne, car je l'ai trouvée punchy, élégante, je me suis dit que ce serait intéressant de passer du temps avec elle. À vrai dire, sa manière d'aborder les situations et les gens, très entière, me fait penser à un fox-terrier (sous ma plume, c'est un compliment – j'en suis à mon troisième fox-terrier dans la vie). Concernant Dominique, je n'ai pas été déçue.

« Je suis avocat d'affaires. Cela veut dire que j'accompagne mes clients en droit des sociétés et droit des contrats, par opposition au droit de la famille. Je m'occupe aussi des contentieux. Je ne traite plus le droit social.

Ce métier se renouvelle en permanence

Une chose que j'aime dans ce métier, c'est que l'on ne s'ennuie jamais. Ce métier se renouvelle en permanence, du fait des situations qui nous sont amenées par nos clients et qui ne sont jamais les mêmes. Le contexte économique et le droit évoluent, eux aussi. Bref, il y a sans cesse du renouveau, du challenge et j'aime bien cela.

Mon métier, c'est plusieurs choses. Quand nous créons un contrat entre deux parties, c'est nous qui créons les règles du jeu. Elles doivent plaire à tout le monde et être pérennes… Il faut tout anticiper. Quand il s'agit de gérer un contentieux, là, alors, nous cherchons les failles de la partie adverse. Dans ce cas, j'analyse les contrats, les faits, les textes, la jurisprudence, etc., je cherche le bon axe pour trouver une solution. Décortiquer un contrat ou un texte, cela m'amuse.

Je suis aussi chargée, très souvent, de mener des négociations dans le meilleur intérêt de mes clients. Quand un chef d'entreprise achète ou vend une entreprise, il ne sait pas toujours argumenter, notamment en ce qui concerne les garanties sur le contenu de la société. Je négocie pour lui les termes des contrats et notamment ces garanties, tel que le plafond.

Alors bien sûr, je choisis mes clients, car il faut entre nous une confiance réciproque et une envie de travailler ensemble. Un client et un avocat, c'est une équipe – et je travaille avec des clients qui me ressemblent. Je ne pourrais pas défendre des escrocs ; mais je n'ai rien contre les gens malins, astucieux et habiles, au contraire.

J'essaye de rendre mon métier utile

D'un point de vue personnel, je viens d'une famille de médecins. Enfant, je voulais être médecin ou pilote de ligne, mais j'étais mauvaise en maths ! Et puis, j'ai perdu mon père à l'âge de 7 ans. En observant les réactions des gens face à ma mère quand elle s'est retrouvée seule, j'ai vu l'être humain dans toute sa splendeur et j'ai compris ses limites. J'ai compris aussi que rien n'était grave, à part la mort. Dès l'âge de 16 ans, je me suis intéressée aux problèmes de succession. Cela m'a donné envie de défendre les gens... Prendre des situations qui paraissent bloquées et les débloquer, trouver des solutions pour régler des conflits qui permettent néanmoins de maintenir autant que possible le lien entre les héritiers.

En droit des affaires, on use des mêmes techniques, mais avec des enjeux financiers plus importants.

Lorsque j'ai dû choisir mon orientation post-baccalauréat, ma mère et mon beau-père m'ont conseillé de m'orienter vers le droit, et cela a été un bon conseil. J'ai commencé par une maîtrise classique en France et puis, comme j'étais très attirée par le monde anglo-saxon (l'une de mes grands-

mères est anglaise et sa propre mère, canadienne), j'ai fait un DEA de droit anglo-américain, et suis allée compléter mes études par un LLM à Berkeley, en Californie. Là, j'ai découvert des gens multiculturels, ayant beaucoup voyagé, très ouverts sur le monde, autant de valeurs que je partage.

Ce à quoi je veille avant tout aujourd'hui, c'est de construire ma vie professionnelle tout en essayant de garder mon équilibre. Dans mon travail, les dossiers qui me sont confiés et sur lesquels je travaille, doivent m'amuser et m'intéresser, c'est cela qui me motive. Et aussi, j'aime les gens. Je ne travaille pas pour gagner de l'argent, je travaille pour apporter des solutions et ainsi aider mes clients. L'argent ne doit pas être un objectif mais une conséquence logique. J'ai horreur de travailler pour rien, mais j'essaye de rendre mon métier utile. Les gens le sentent et le voient.

Ensuite, je veille aussi à garder un équilibre dans ma vie privée. Avant de rencontrer mon compagnon, j'ai énormément "bossé". Si l'on me disait que ma vie professionnelle empiétait sur ma vie privée je répondais : "Mais non, tout va bien", et le pensais sincèrement. J'ai beaucoup fait la fête mais en réalité, dès qu'il y avait un arbitrage à faire entre travail et une relation importante, le travail passait en premier. Le jour où j'ai trouvé la bonne personne, j'ai décidé : "Le week-end, je ne travaille plus." La semaine en revanche, je donne la priorité aux dossiers, sauf un soir par semaine que je réserve à mon compagnon.

Une bulle de concentration

Une qualité qui m'aide pour réussir dans ce métier, c'est la persévérance. J'ai des convictions et j'aime me battre pour gagner.

Je n'ai pas particulièrement de rituel méditatif, mais quand j'ai besoin de concevoir un contrat compliqué, je m'immerge dedans. Cela m'arrive alors de rentrer chez moi, je m'installe sur mon lit, et j'entre dans une bulle de concentration très douce et efficace.

Un conseil pour quelqu'un qui chercherait encore sa vocation, c'est d'apprendre à se connaître. Il faut se connaître et parler avec les gens, car on ne se connaît pas entièrement, on ne se voit pas. Au début de ma carrière, je travaillais dans des grands cabinets internationaux en fusions acquisitions. C'était technique, passionnant, mais très froid. Un jour, l'une de mes interlocutrices m'a dit : "Vous devriez réfléchir à un environnement plus humain, cela vous conviendrait mieux." J'ai mis quelques années à comprendre et à accepter son conseil avant de le suivre. Cela fait maintenant dix ans que j'ai mes propres clients, j'accompagne des chefs d'entreprise pour lesquels j'ai beaucoup d'estime. Je partage leurs craintes, leurs joies, les moments difficiles et les moments victorieux. Cela me convient bien mieux en effet !

Valoriser ce que l'on apporte à ses clients

Un dernier mot à propos de l'argent. Pour gagner de l'argent, pour vivre de son travail, il faut d'abord se dire que l'argent n'est pas tabou ; puis arriver à un stade où l'on comprend que ce que l'on fait a de la valeur. Quelqu'un m'a dit : "Le plus difficile, c'est de facturer". Il voulait dire, de facturer "le bon prix", ce qui signifie ne pas se sous-évaluer ni se sous-valoriser. Avec le temps, tu vois ce que tu apportes à tes clients, par rapport à la valeur du deal. *Évidemment, si je travaille sur un sujet que je ne connais pas très bien, je ne facturerai pas toutes les recherches nécessaires. En revanche, si je suis experte sur un sujet et qu'il y a néanmoins des recherches à faire, alors je les facture, car c'est une partie "normale" du travail.*

Ton seul ennemi, c'est toi – la limite que tu t'imposes. Alors voilà, pour mon pilotage financier, je fais des tableaux et je me donne des objectifs annuels et mensuels. Ce tableau de bord m'aide à garder le rythme. Quand je suis en dessous des chiffres prévus, je me remotive : "Allez, faut que j'aille chercher de nouveaux jobs."

Lorsque l'on sait où l'on veut aller et que l'on sait où l'on en est... ça marche mieux ! Enfin en principe, restons toujours prudents et humbles. »

QU'EST-CE QUI VOUS REND JALOUX ?

Ce que l'on désire nous est parfois découvert à travers des voies bizarres, et même désagréables.

Quel est le désir de mon cœur ?

J'ai rencontré dans la vraie vie, et suis sur Instagram, une jeune femme, Marguerite, qui fait tout ce que je devrais faire si je voulais percer dans le développement personnel. Elle a une audience claire (les femmes catholiques jeunes mères au foyer), des offres claires (un blog, un livre, des défis, des conférences) et variées, des visuels et des propositions structurées, elle intervient dans des grands médias, des grands événements... Tout ça alors que moi, je continue à écrire sur mes cahiers, sur mon vieil ordinateur Mac dans la cuisine ou sur le banc du jardin.

Je ressens picotement, dévalorisation, (quelques autres sentiments pas jolis-jolis), et puis je me calme et je me dis : « Bon, c'est super, cette nana fait tout comme tu penses qu'il faudrait faire. Que pourrais-tu emprunter à son mode de fonctionnement ? »

La jalousie pointe du doigt notre désir

La jalousie (prise ici, donc, dans le sens de l'envie) est une amie vacharde. Elle nous fait croire deux choses : 1. Que l'autre est mieux loti que nous, et 2. Que nous sommes impuissants à agir. Ça, c'est ce que nous disent nos pensées. Et sachez-le, elles ne disent pas toujours la vérité et racontent même un nombre impressionnant de bobards.

L'autre versant de la jalousie est beaucoup plus réjouissant. La jalousie en effet pointe du doigt notre désir. Elle nous indique ce que nous voulons, un peu, beaucoup, passionnément.

Je vous invite en particulier à prêter attention à vos jalousies durables, qui doivent spécialement être prises au sérieux.

Et vous, cher lecteur, qu'est-ce qui vous rend jaloux ?

JE VOUS PROPOSE D'ESSAYER CETTE DÉMARCHE EN TROIS TEMPS.

1. Dans votre cahier, séparez une page en trois colonnes verticales. Dans la première colonne, notez trois choses qui vous rendent jaloux (oui, ce sera mesquin). Ne vous focalisez pas seulement sur la carrière des uns et des autres, allez-y toutes catégories confondues. En ce qui me concerne, il y a entre autres cette histoire de Marguerite qui se donne les moyens pour réussir sa percée dans le monde du développement personnel.
2. Dans la 2e colonne, notez le désir que votre jalousie vous indique. Dans mon cas, ça pourrait être « Développer une légitimité et une visibilité plus importantes auprès de mon audience ».
3. Dans la 3e colonne… Notez une toute petite action que vous pourriez entreprendre pour vous diriger dans la direction de ce désir. Dans mon cas, cela pourrait être « Définir clairement mon audience et l'écrire sur un Post-it collé en face de mon bureau » ; oui, le bureau sur lequel je pose mon vieux Mac quand je n'écris pas sur la table de la cuisine.

DEMANDEZ À VOTRE COLÈRE

« La meilleure manière de se plaindre est de faire des choses. »

Tina Roth-Eisenberg

L'un de mes *role models* dans la vie est Swiss Miss, alias Tina Roth-Eisenberg, la polyentrepreneur suisse habitant à Brooklyn, New York. Dans l'un des *talks* que l'on peut trouver sur son site swiss-miss.com, Swiss Miss nous raconte la genèse de l'une des entreprises qu'elle a créées, Tattly. Tattly vend des tatouages éphémères dessinés par des artistes – enfant, j'appelais cela des décalcomanies. Elle a eu l'idée de créer cette entreprise à la suite d'un énième anniversaire dont est revenue sa fille, avec dans la pochette cadeaux un set de tatouages temporaires très très laids et irritants pour la peau. Tina a poussé une grosse gueulante... Puis s'est rappelée qu'elle avait comme principe de ne pas se plaindre sans agir. Le lendemain, Tattly est né (nous étions en 2011). L'entreprise compte aujourd'hui plus de 700 références de tatouages.

J'AIME QUE LA COLÈRE, AVEC SES NUANCES ALLANT DE L'AGACEMENT À LA FUREUR, SOIT UN MOTEUR POUR TROUVER SA VOIE.

La colère est une amie rude[1], et potentiellement dangereuse si elle se retourne contre soi-même ou contre les autres. Employée au service d'un projet, en revanche, c'est une énergie redoutable susceptible de porter notre action très, très loin.

Ainsi l'une des choses qui me conduit à écrire ce livre et qui le porte, c'est ma colère mêlée de tristesse, depuis toujours, lorsque je rencontre des personnes manifestement douées et qui font un travail qui les ennuie, ou qui n'arrivent pas à réussir à vivre de leur boulot de cœur. Je m'inclus dans ces personnes qui peinent, qui parfois « vasouillent » – la recherche est quelque chose qui pour certains prend du temps, du temps, du temps.

L'une des choses qui m'a transformée en formatrice en créativité, c'est ma désolation de savoir que les méthodes pour vivre une vie plus créative existent, et de les connaître, et de constater que si peu de personnes les utilisent – j'ai ressenti l'envie viscérale de transmettre ces clés ouvrant la porte de chaque trésor intérieur. Une autre motivation était aussi ma colère quand j'entends la phrase « Je ne suis pas créative ».

La colère appelle l'action rectificatrice

Prendre conscience de ce qui nous met en colère et le poser sur la page nous permet de :

1. Découvrir des choses dont nous n'avions même pas conscience qu'elles nous rendaient furieux ;

1. « *A tough friend* », comme disent les américains que je n'ai finalement pas pu m'empêcher d'inviter dans ce livre, tant j'admire leur esprit pratique et positif, et leur littérature, et leurs séries télé, et certains de leurs entrepreneurs.

2. Se poser la question « Comment pourrais-je arranger ça ? » ou de voir apparaître la réponse !

Dans le *process*, vous allez mettre un terme ou modifier un certain nombre de situations qui ne vous conviennent pas. Et dans le lot, peut-être y en a-t-il une qui vous tiendra suffisamment à cœur pour que cela devienne un business.

Cher lecteur, essayez ceci : Prenez votre cahier et votre stylo. Numérotez de 1 à 50 en sautant une ou deux lignes à chaque fois. Puis partez à l'assaut de cette liste, en notant tout ce qui vous met en colère, dans l'ordre où ça vous vient à l'esprit. Notez le plus grave et le plus mesquin.

50 choses, cela peut paraître beaucoup mais vous allez voir, ça vient assez vite. Vous pouvez bien sûr élaborer cette liste en plusieurs fois.

Dans les lignes intercalaires, regardez s'il n'y a pas déjà une petite action que vous pourriez mettre en œuvre pour arranger telle ou telle chose qui vous énerve. Si parmi elles se cache une idée de business... Tant mieux ! Sinon, vous aurez déjà amélioré et rendu plus juste la vie autour de vous.

ELLE A TROUVÉ SON IKIGAÏ

Martine Camillieri, scénographe, auteure, plasticienne

Lorsque mes filles étaient petites, nous avions un livre adoré, *Ma cuisine au fond du jardin*. Nous nous sommes bien amusées à bricoler et à poétiser en suivant les instructions de l'auteur qui était… Martine Camillieri. Ensuite nous avons déménagé à Malakoff. J'ai recommencé à dessiner. J'ai posté mes dessins sur Instagram et alors qu'ils étaient très maladroits, Martine les a tout de suite likés et m'a encouragée. À force de bons mots échangés sur Instagram, nous avons décidé de nous rencontrer. J'étais dans une période charnière et ce genre de période favorise la naissance d'échanges plus intenses et plus vrais. Bref, autour d'un thé, de boutures, de photos, de dessins, de projets d'expos, du récit de nos recherches, nous sommes devenues amies. AMIS devrais-je écrire, car jamais très loin de Martine il y a Bernd et au lieu d'une amie, c'est deux amis que j'ai rencontrés.

« En 2000, je me suis dit : "J'entame le 2e cinquantenaire de ma vie ; je veux que ma seconde vie soit aussi géniale que ma première."

Cette année-là, dans mon agence de pub, la rédactrice avec laquelle je travaillais et moi (j'étais directrice artistique) avons été briefées sur une pub pour Monsanto. Nous avons refusé de travailler sur ce dossier. Le torchon s'est mis à brûler avec l'agence, et ma rédactrice et moi, on a tout fait pour se faire virer. Je suis partie avec un peu d'argent et sans boulot. Je devais tenir dix ans avec cet argent, alors j'ai réparti la somme en un minimum vital et roule jeunesse. En l'an 2000, je n'étais pas angoissée par le temps.

En fait, je n'ai pas été capable de m'arrêter de travailler. D'ailleurs, tout de suite, j'ai accepté des missions de scénographie et des petits jobs qui ne m'engageaient pas.

Bernd et moi avions ouvert la galerie La Périphérie à Malakoff en 1999, un lieu destiné à aider la jeune création.

À cinquante ans, je suis devenue artiste, un peu par repentir après toute cette vie de publicitaire ! J'avais des coups de gueule à pousser par rapport à l'écologie. Simplement, je ne voulais pas prendre la parole de manière castratrice, "faites pas ci, faites pas ça", et j'ai cherché une manière juste de m'exprimer, juste pour moi. Je savais que j'avais des choses à dire, j'étais donc auteur – mais les mots ne me suffisaient pas, et je savais que les mots alliés à une image allaient davantage toucher des gens. Ce métier que j'avais exercé, qui était de transmettre des idées à travers une forme artistique, allait me servir encore. Je me suis dit que mes coups de gueule devraient être artistiquement séduisants ou écœurants pour toucher les gens.

Je suis devenue artiste en le considérant comme un métier, alors que la plupart des gens prennent ça comme un don.

Au quotidien, Bernd et moi avons appris à vivre sobrement, on ne s'est plus payé de restaurant à tout bout de champs mais on a appris à connaître les meilleurs petits viets du 13e. J'avais fait partie des 3 % des femmes les mieux payées, et j'ai appris à vivre avec moins d'argent. Ça ne m'a pas posé de problème particulier, au contraire, j'ai trouvé ça amusant de chercher le plaisir dans les choses les plus simples.

J'ai pris mon métier d'artiste au sérieux. De nombreux artistes se laissent envahir par leur don qui déborde, mais moi, je ne me sens pas artiste à tout moment – il y a toujours quelque chose d'autre que créer qui m'intéresse, et qui va nourrir mon "art". Je l'ai pris sérieusement, je voulais expliquer aux gens qu'on pouvait être heureux avec moins.

Être heureux en consommant moins, comment faire passer cette idée ? Mon premier livre, Tables éphémères, *avait comme thème "comment faire du beau avec le moche qu'on a chez soi ?". C'est en écrivant ce livre que j'ai commencé mes premiers temples d'objets en plastique, qui ont été exposés tout de suite en Italie.*

Quand on me demande comment je gagne ma vie avec mes expositions, je réponds "Bien, car je ne vends rien." Et quand tu n'as rien à vendre (une installation ne s'achète pas comme une toile ou une photo), forcément, les commanditaires te proposent des honoraires ! Et en fait, les commissaires d'exposition me l'ont toujours proposé d'eux-mêmes. Je n'ai jamais demandé quoi que ce soit, et même quand j'étais salariée, les augmentations sont venues toutes seules.

Donner à voir et à penser

Je milite pour limiter la prolifération de l'objet sur terre.

J'expose des temples saturés d'objets jusqu'à l'écœurement pour que les gens viennent y réfléchir, fassent une pause, se reposent, se posent des questions... Je suis artiste scénographe car je montre des choses, mais aussi auteur parce que ce que je donne à penser concerne les gens.

On me demande d'exposer mes installations éphémères dans des musées, centres d'art, fondations, au Lieu unique à Nantes, à La Maison des Arts de Malakoff, à la Design Week de Milan... Au Bon Marché, j'ai montré pendant un mois six temples avec mes réflexions sur la manière dont nous nous nourrissons.

À la Fondation Écureuil de Toulouse, j'ai installé des temples sur 400 mètres carrés dans le cadre d'une rétrospective de mon travail. L'expo a duré deux mois, toutes les écoles sont venues travailler, il y a eu énormément d'ateliers à l'intérieur de l'exposition. Je propose toujours des installations ou des livres qui amènent à travailler avec les enfants ! Grands et petits enfants. Je parle aux enfants comme s'ils étaient des adultes et aux adultes comme s'ils étaient des enfants.

Vivre avec moins, en étant plus heureuse et plus libre

Je pourrais gagner ma vie très bien avec tous les projets d'école que l'on me propose... Mais maintenant je profite de ma retraite, j'ai bien appris à vivre avec moins, en étant plus heureuse et plus libre. Je passe la moitié de la semaine dans notre maison du Perche à travailler à mes livres (quatre en cours), à préparer de nouvelles expositions, des conférences sur l'alimentation... Et deux mois par an (au minimum), je prends le temps de voyager dans notre camion avec Bernd, slow travel *et cuisine de peu (je prépare des livres aussi pendant ce temps de voyage !).*

Cet emploi du temps me force à refuser certaines propositions pourtant alléchantes.

Parles-en avec passion

À ceux qui cherchent encore leur ikigaï, je dirais : "Fais ce que tu aimes, et parles-en avec passion."

J'ai remarqué que lorsque je vends mes projets avec passion, j'emporte souvent le morceau. Il faut savoir se vendre. Pas se vendre soi-même, vendre ce que l'on fait. Quand j'ai un bon cheval de bataille, un projet qui me plaît, je ne pense plus à rien d'autre. Avec mon projet, c'est comme si j'avais un très beau miroir qui me renvoyait une image agréable de moi. Quand je présente un projet, je communique beaucoup avec mes bras. Je me perçois, dans ces moments-là, avec des grands bras vigoureux pour embrasser le monde et les gens entrent dans mes bras, parce que je suis habitée par une passion.

Il n'y a pas de place pour le doute quand je présente quelque chose que j'ai imaginé. Si j'ai un doute, c'est qu'il y a un bug. Il faut que ce soit évident. »

ACTIVEZ VOTRE BRILLANCE

Dans quoi suis-je bonne ? Dans quoi suis-je bon ? Quel est mon mix de qualités préféré, celles auxquelles je ne renoncerais pour rien au monde ? De quoi ai-je envie de me souvenir, vers quoi ai-je envie de tendre, le plus souvent possible ?

« TU ES TROP HUMAINE ! » M'ÉTAIS-JE ENTENDUE REPROCHER PAR L'UN DE MES CHEFS DANS L'ENTREPRISE DE DISTRIBUTION INFORMATIQUE OÙ JE PEINAIS À EXÉCUTER DE MON MIEUX LE TRAVAIL QUI M'ÉTAIT DEMANDÉ.

Ah bon, trop humaine ? Je ne savais pas très bien ce que cela voulait dire (j'aurais dû creuser), mais une chose était certaine, je ne voulais pas, et à aucun moment de la journée, faire taire ma part d'humanité. Cette phrase a été l'un des déclencheurs de ma décision de démissionner de cette entreprise pour, justement, avoir la possibilité non seulement d'exprimer ma part d'humanité, mais que cela devienne un atout dans mon travail. Et c'est ainsi que quelques semaines après ce reproche, j'ai créé Plume de vie, une agence d'accompagnement dans l'écriture de biographies et de livres de management.

Trouver sa zone de brillance

On travaille avec ce que l'on est. Et on est bien meilleur si notre travail ressemble à qui l'on est... Si on a l'occasion d'y exprimer ce que l'on a de meilleur.

Voilà une méthode que je vous propose pour trouver votre propre zone de brillance, celle où non seulement vous êtes bon mais dans laquelle vous allez vous éclater et qui a du sens pour vous – et ensuite, nous imaginerons comment l'argent peut venir à vous depuis cette zone[1].

La zone de brillance peut se définir par rapport à la zone de médiocrité (ces choses que l'on doit faire, où l'on est nul ! et on les fait sans entrain, avec des erreurs, et ça nous prend des semaines pour nous y mettre, et trois fois plus de temps que la moyenne de le faire, vous voyez de quoi je parle ? Dans mon cas, il s'agirait de la plupart des démarches administratives). Et la zone de brillance peut aussi se définir par rapport à la zone d'excellence, toutes ces choses que l'on sait très bien faire, mais qui n'ont pas pour nous un sens transcendental.

La zone de brillance, c'est ce qu'on adore faire et ce pour quoi on est hyperdoué, et que l'on fait facilement, avec des ailes.

Pour la trouver, prenez votre cahier et votre stylo... Sur une double page, notez toutes les qualités que l'on vous attribue ou que vous vous attribuez à vous-même, de l'enfance à aujourd'hui.

1. Cet exercice a été inspiré par Christine Lewicki dans son livre *Wake Up! (Eyrolles, 2014).*

Vos parents, vos profs, vos amis, vos amours, vos patrons, vos clients, des personnes qui vous connaissent très très bien ou qui viennent à peine de vous rencontrer et ont vu en vous des choses que les personnes qui vous connaissent très bien peinent à voir.

La double page doit être bien remplie.

Puis prenez votre stylo fluo et entourez trois qualités dont vous ne vous passeriez pour rien au monde. Vous allez voir, c'est super dur de choisir !

Dans mon cas, j'ai retenu : 1. Oser des trucs. 2. L'humour. 3. Écrire avec chaleur et intelligence. Plus cette petite phrase de ma grand-mère « Toi, tu es douée en affection. » (Oui, ça fait quatre.)

Ma zone de brillance, aujourd'hui, se situe là. En tout cas, c'est vraiment ce que j'ai envie de faire, tenter des trucs, les partager, notamment par l'écriture, et rire, rire, rire, et faire rire. Et aimer de mon mieux. Voilà, c'est mon mix actuel, ma zone de brillance d'aujourd'hui.

Ensuite, il reste à cheminer avec ces qualités, à se demander comment on va incarner ce mix : dans notre vie de tous les jours et dans notre travail. Mais on a déjà une partie de l'équation, une petite lanterne rouge qui nous indique une direction à prendre.

ELLE A TROUVÉ SON IKIGAÏ

Julie Coudry, entrepreneur sur le sujet du monde du travail ! Et aujourd'hui, fondatrice et PDG de Jobmaker

Julie, un jour, m'a demandé de l'accompagner pour écrire un livre où elle pourrait exprimer sa vision du monde du travail et de la manière dont il accueille (ou n'accueille pas) les jeunes. Au fil des années, et bien après notre collaboration, nous sommes restés en lien admiratif et chaleureux.

« Je suis entrepreneuse, et le sujet sur lequel j'entreprends, c'est permettre aux gens de trouver leur place dans le monde du travail. La majorité de notre public aujourd'hui, ce sont des salariés entre 30 et 50 ans, qui veulent évoluer vers un job qui leur correspond, soit en tant qu'étape professionnelle, soit plus structurellement.

Jobmaker, c'est un robot qui fait ce travail d'accompagnement, depuis le questionnement introspectif jusqu'aux outils pour se présenter. Jobmaker est né du constat que j'ai fait lorsque j'ai été moi-même accompagnée par des coachs pour trouver un job qui me correspondait, qu'une partie importante du travail effectué avec le coach pourrait être mutualisée et réalisée avec des outils digitaux.

*L'idée, c'est que si ça coûte moins cher, beaucoup plus de monde peut y accéder, et beaucoup plus souvent. On anticipe qu'une personne commençant sa carrière aujourd'hui vivra une dizaine de transitions professionnelles. Elle sera dans une dynamique récurrente de rebond. L'idée de Jobmaker, c'est d'aider à développer les capacités des personnes à lancer elles-mêmes ce rebond et non plus à le subir. Nous mettons à leur disposition un socle de capacités individuelles de questionnement ; bref, nous les plaçons dans une démarche d'*empowerment.

Aujourd'hui, dans l'équipe, nous sommes sept ; et tous, on se verse un salaire.

*Ce que j'aime spécialement dans mon métier, c'est de transformer une idée en réalité ; de saisir un potentiel identifié ; et ensuite, de le proposer à mes clients. Il y a une mise en abyme, je crée d'abord ces outils en pensant à moi, à ce qui me conviendrait, puis je les propose à mes clients. Le maître mot, c'est l'*empowerment *: comment reprendre la main sur sa propre carrière ?*

Comment j'ai trouvé mon ikigaï ?

Mais c'est lui qui m'a saisie ! Lycéenne, j'ai été saisie par la façon dont le potentiel des gens un peu différents n'était pas considéré, personne n'était là pour les aider à considérer leur potentiel et à le déployer. Quels que soient nos résultats, que l'on ait un "petit" ou "gros" potentiel (du point de vue de la société et de l'institution scolaire), il y avait partout des limites, des frontières indiscutables. "Il n'y a que moi qui vois ça ?" ai-je pensé. "Comment ça se fait qu'un sujet aussi important que la juste orientation des jeunes soit resté en friche ? Il faut que j'aille faire quelque chose." Et voilà, je fais ça depuis vingt ans.

Aujourd'hui, j'ai 38 ans et une fille de trois ans, Mayane.

Ma qualité principale, pour mener à bien ma vocation, c'est l'écoute de cette pulsion, la nécessité intérieure qui pouvait paraître folle. À l'époque, j'avais 18 ans, je faisais mon premier stage à Pôle Emploi, j'étais une goutte d'eau mais tellement sûre de ce que je voyais, ce que je sentais, je n'ai pas eu peur de parler, et de me battre pour que les choses changent.

Assumer ses idées

À partir du moment où je l'ai entendu, j'ai toujours suivi cet appel au lieu d'emprunter un chemin socialement tracé. Après le lycée, j'ai fait des études moyennes pour avoir le temps de militer. Mes parents n'ont pas toujours compris ce que je faisais mais ils voyaient que j'étais animée par quelque chose qui me dépassait et dans lequel je croyais très fort. Mais réellement, mes parents ne sont jamais entrés en négociation avec moi. Il y a bien des moments où je les ai sentis inquiets, parce que je n'étais pas toujours capable d'expliquer ce que je faisais à chaque étape, mais ils se sont fiés à ma propre foi. Ils ne m'ont pas contrainte à entrer dans leur système de compréhension. Quoi qu'il en soit, à 18 ans, j'étais indépendante, je travaillais dans un bar et ainsi je pouvais assumer mes idées.

Ma manière de vivre ma vocation a fondamentalement changé depuis 20 ans. Jeune fille, je vivais pour ça, j'étais saisie d'un appel, je travaillais sept jours sur sept. Depuis que je suis devenue maman, j'ai pris un nouveau niveau de distance. Je sais que c'est en moi, j'ai beaucoup plus de sérénité. Cet appel que je sens toujours m'inspire et me guide, mais je ne pourrais pas vivre non plus sans la danse et la musique, sans ma famille de cœur, sans la nature. Je me suis rééquilibrée !

Mon rituel méditatif

C'est de rentrer à pied du boulot. 40 minutes en musique…

Et si j'ai un conseil à donner à quelqu'un qui chercherait son ikigaï, c'est de regarder dans ce qu'il a fait, quelles sont les choses réalisées qui lui ont apporté à la fois fierté et joie. Et de toujours chercher les moyens de sa liberté. »

CONNECTEZ-VOUS À CE QUI VOUS MET EN JOIE

Connectez-vous à l'endroit où vous avez créé de la valeur.

Nous voulons, n'est-ce pas, exercer une activité professionnelle qui nous procure de la joie. Mais qu'est-ce qui nous met en joie ? Quelle activité, quel environnement nous met en joie ? C'est compliqué d'y répondre de but en blanc. Cela peut-être plus simple d'y répondre pour chaque journée. Pour trouver la réponse, je vous propose « simplement » d'y répondre chaque soir. Comment ? Eh bien, en notant chaque soir, avant de vous coucher, trois choses qui vous ont procuré de la joie *au cours de cette journée-là*.

Pourquoi faire cela ? D'abord, c'est une manière de bien s'endormir, en pensant à des choses agréables. Ensuite, c'est une manière de se rendre compte que chaque journée, de la plus belle à la plus pourrie, comporte des moments heureux – des fulgurances de bonheur, qui nous sont bien souvent données par « les petites choses ».

Enfin, à la relecture de ce carnet où vous noterez les trois moments heureux de la journée, vous pourrez peut-être trouver des éléments qui reviennent. Des activités. Des contextes. Des personnes. Des types de moment.

Se concentrer sur la joie

En octobre 2016, j'ai décidé de fermer la société que j'avais créée en 2001, Plume de vie. Entretenir la structure me coûtait trop d'argent... Cette décision à la fois s'est imposée d'elle-même (parfois la pêche est mûre et ne demande qu'à être cueillie, et c'est souvent la même chose pour les décisions) et a été un peu douloureuse. Mon identité professionnelle de seize ans vacillait avec cette clôture et la perte de ce nom accolé au mien, Plume de vie. Je savais ce que je quittais, pourquoi je le quittais, mais n'avais aucune idée de ce vers quoi j'allais.

Pour me soutenir dans ce passage – j'ai entrepris un bilan de compétences –, j'ai décidé de me concentrer sur la joie, sur les événements heureux de la journée. « Allez, tu tiens ton carnet des trois événements heureux de la journée pendant un an. Après on verra », ai-je décidé. Comme toutes les choses justes pour moi et qui me font du bien, je me suis tenue à cette pratique et j'ai décidé de la poursuivre au-delà de l'année. Je n'y consacre jamais plus d'une ou deux minutes chaque soir, juste avant de glisser dans le sommeil. Et oui, je m'endors plus sereine. Et oui, cette liste m'aide à mieux voir le beau dans ma vie et à lui donner plus de place qu'à l'inquiétude et au laid. Et oui, j'avance vers ce qui me met en joie, à savoir, trouver des pépites et les transmettre, par voie de présence physique, photographique, dessinée, podcastée, et par l'écriture bien sûr. À côté de cela, je consacre du temps à mes enfants, mon mari et mon chien, et à des discussions profondes avec des mentors, des amis ou des inconnus. Enfin, je passe de plus en plus consciemment du temps à dessiner, cuisiner, cultiver mes plantes, élaborer des mixtures, faire du vélo, nager, qui sont les hobbies que je préfère en ce moment. Voilà mon trépied.

MERCI POUR TED ET LA BONNE JOURNÉE DE FORMATION HIER. MERCI POUR LES TRAJETS À VÉLO DANS PARIS ENSOLEILLÉ. MERCI POUR L'AMBIANCE ACCUEILLANTE ET CHALEUREUSE DANS LA NOUVELLE BOÎTE AVEC LAQUELLE JE COLLABORE. MERCI POUR L'APÉRO EN FAMILLE. MERCI POUR L'EXPO ÉMOUVANTE DE DESSINS DE MALADES DANS LES ANNÉES 1940, À L'HÔPITAL SAINTE-ANNE. MERCI POUR LE FILM MAGNIFIQUE REGARDÉ AVEC MES FILLES, *LES ADIEUX À LA REINE*.

Ça, c'était ma liste pour hier soir.

(Au passage, vous remarquez que même si le nombre minimum d'items pour cette liste est 3, dans la réalité il y a en a 6 ou 7 et souvent plutôt 10 ou 12. Et cela, que ma perception de la journée avant de faire la liste ait été d'une bonne ou d'une mauvaise journée.)

(L'autre surprise, c'est que je ne sais jamais de quoi va être faite ma liste avant de commencer à l'écrire.)

Là où j'ai créé de la valeur

Les journées, les soirées de doute, où je me pose la question de la raison de ma présence sur terre (suis-je la seule à qui ça arrive ?), alors je tiens cette liste-là : trois endroits où j'ai créé de la valeur aujourd'hui. Il est 19 h 27, et aujourd'hui j'ai :

1. Rendu visite à ma copine qui tient la boutique que j'adore pour lui donner du courage le jour de la réouverture après les vacances ;
2. Mis deux personnes en relation qui pourraient travailler ensemble avec profit ;

3. Préparé deux tartes à la tomate pour le dîner de ce soir ;
4. Envoyé mon livre sur la joie à Julie, avec un petit mot chaleureux ;
5. Envoyé des boutures de plantes à trois lectrices de mon flux Instagram ;
6. Écrit deux chapitres et réalisé une interview pour ce livre.

Ce sont des petites choses, mais mises bout à bout... Ce n'est pas si mal. Et la journée n'est pas terminée !

Mon cher lecteur, voilà ces deux petites listes que je vous propose pour :

1. Vous regonfler le moral et l'estime de vous quand il y en a besoin ;

2. Les garder au top et les renforcer quand ils sont solides ;

3. Glaner des informations sur ce que vous faites bien et ce qui vous rend heureux.

Alors, par quelle liste allez-vous commencer ?

ELLE A TROUVÉ SON IKIGAÏ

Mai-Lan Tran-Bernaud, dessinatrice et facilitatrice graphique

Mai-Lan et moi nous sommes rencontrées en 2010, à l'un de ces dîners où je devrais aller plus souvent, un dîner de filles, organisé par l'entrepreneuse Fanny Grangier qui voulait réunir des personnes qu'elle aimait bien. J'ai tout de suite été touchée par la personnalité et le look très féminin de Mai-Lan, et quand j'ai vu ses dessins de presse, à la fois précis et caustiques, j'ai pensé « Ces dessins compléteraient à merveille les livres que j'écris. » Mai-Lan a dessiné la couverture et réalisé certaines des illustrations intérieures de deux de mes livres, et je rêve qu'elle puisse illustrer celui-ci ! Car j'aime toujours autant son style et sa personnalité.

Ce qui est intéressant avec Mai-Lan, c'est qu'elle n'a trouvé son ikigaï que très récemment – alors qu'elle dessine depuis toujours !

« J'ai 42 ans, je vis à Paris en famille avec mes deux enfants. Je travaille en free-lance dans un espace de coworking, au milieu de start-upers et d'entrepreneurs sociaux.

Un défi sans cesse renouvelé

Mon job, aujourd'hui, c'est d'assister à des réunions, des conférences, des workshops, d'écouter les idées émises et de les retranscrire visuellement, de façon synthétique, sur un grand panneau que tout le monde peut voir.

Je conçois et j'anime aussi des formations à la facilitation graphique, au sein du collectif #scribingtoday, créé en duo avec ma collègue Anouck. Nous initions des formateurs et des consultants à la pensée visuelle, et intervenons dans diverses sociétés.

Il y a plusieurs choses que j'apprécie énormément dans mon travail. J'aime le challenge graphique du dessin en direct, qui constitue un défi sans cesse renouvelé et cadre ma tendance naturelle aux doutes et à la procrastination. J'aime assouvir ma curiosité en apprenant sans cesse de nouvelles choses, et en découvrant régulièrement des univers singuliers : par exemple le monde des séminaires de grandes entreprises (dont j'ignorais tout), l'ambiance survoltée des hackathons, les ateliers collaboratifs sur des sujets publics comme l'usage des gares ou l'amélioration des expériences utilisateurs...

Le dessin est une activité que je pratique "naturellement" depuis toute petite et que j'essaie d'améliorer sans cesse. J'aime exprimer des idées avec le trait et en mettant des bulles – c'est pour cela que je suis allée vers le dessin de presse et la bande dessinée.

Mon ikigaï, je ne l'ai trouvé que récemment. Auparavant, mon activité d'illustratrice était précaire, malgré une certaine reconnaissance dans le milieu du dessin de presse. Je complétais mes revenus modestes en étant professeur d'arts appliqués à temps partiel. J'avais trouvé un certain équilibre, mais enseigner n'était pas mon activité première d'épanouissement.

La facilitation graphique m'est venue par une rencontre il y a deux ans. Je m'étais aperçue que j'avais du mal à mener à bien des projets de dessin en parallèle de mon activité de professeur, et j'avais décidé de chercher un espace de coworking pour fréquenter d'autres créatifs. Après plusieurs visites d'ateliers infructueuses, j'ai atterri par hasard dans un coworking de l'entreprenariat numérique. Ce n'était pas mon milieu professionnel, mais je m'y suis sentie bien et j'ai trouvé très inspirant de me confronter à ces nouvelles personnes. L'état d'esprit très optimiste et dynamique m'a particulièrement séduite. Un jour, un de mes coworkers m'a présenté un dessinateur en direct, qui m'a raconté son métier de facilitateur graphique, m'a conseillé et invitée dans un groupe Facebook de facilitateurs graphiques. Je ne savais pas que cette activité existait, et encore moins qu'il y avait un marché porteur. Lorsque j'en ai pris conscience, je me suis dit : "J'adorerai faire ça : j'ai les compétences pour, cela me semble passionnant, il faut que je m'entraîne et que je me lance."

Pour démarrer, je me suis autoformée en faisant des recherches sur Pinterest (!!!) et j'ai investi dans une tablette. Puis, je suis allée avec ma tablette assister à deux événements très suivis, j'ai dessiné et j'ai publié en direct sur Twitter et Facebook. Mes premiers dessins ont été beaucoup likés et partagés... Et après la deuxième soirée, deux consultants sont venus me proposer de scriber *pendant un événement qu'ils animaient, contre rémunération. J'ai accepté bien sûr ! Et c'est devenu mon activité principale. Car à la rentrée scolaire suivante, j'ai cessé d'enseigner pour me consacrer à mes missions de* scriber *et d'illustratrice.*

Ce qui me réjouit, c'est que jusqu'à présent, j'avais l'impression d'avoir eu des expériences dispersées d'un point de vue professionnel – designer industriel spécialisé en images 3D/dessinatrice de presse/illustratrice de livres/créatrice de motifs pour la mode/professeur d'arts appliqués... Or, je m'aperçois que toutes ces expériences me servent et prennent sens. La facilitation graphique fait aussi bien appel à mon côté cartésien, logique, structuré (mon esprit de synthèse) qu'à mon côté créatif et mon don de dessinatrice. Enfin ils se réconcilient ! L'autre aspect que j'aime, c'est que je suis d'une nature assez sociable, et que je n'avais pas l'occasion d'exprimer ce trait de caractère puisque le dessin est une activité solitaire. Ce n'est pas le cas du live-sketching *qui est tourné vers les autres et permet de faire beaucoup de rencontres. Je me sens donc plus épanouie.*

Un rituel médidatif

Je n'en ai pas ; à vrai dire, je ne suis jamais dans la pleine conscience, sauf quand je dessine ! Cependant, je me réserve des moments introspectifs. Une fois par semaine environ je m'assieds avec un café, un cahier et un crayon pour un rendez-vous avec moi-même. J'ai toujours besoin d'avoir un projet personnel en fond d'esprit, même s'il n'est jamais certain d'aboutir... Celui qui m'occupe en ce moment, c'est d'écrire et dessiner un roman graphique sur les transfuges de classe : les gens qui ont changé de milieu social culturel et/ou économique. Mon idée c'est de partager les codes sociaux informels appris sur le tas, sous forme d'anecdotes drôles et instructives. Je récolte des histoires, je prends des notes visuelles ; c'est un sujet riche qui m'apporte beaucoup d'énergie positive.

C'est difficile pour moi de donner un conseil, car c'est principalement la chance qui m'a guidée. Si je prends du recul sur ma propre expérience, je me dis que ce n'est pas forcément une bonne idée de vouloir percer dans les milieux de référence de son domaine d'activité, surtout dans les secteurs de l'art, des médias, de la culture où le marché est restreint et la concurrence rude. J'ai beaucoup démarché, le plus souvent en vain, les maisons d'édition, les groupes de presse, les directeurs artistiques... Or mes interlocuteurs étaient sursollicités et je n'étais qu'une illustratrice parmi des milliers d'autres, si bien que c'était difficile d'obtenir des rencontres, et encore plus des contrats. Quand je suis arrivée dans le milieu des entrepreneurs numériques, je me suis retrouvée valorisée, parce que j'étais le plus souvent la seule dessinatrice, et ma compétence répondait à des besoins : identité graphique, synthèse visuelle pour communiquer....

Aujourd'hui, je cultive ma singularité

J'ai envie de continuer à améliorer ma pratique, de mettre en avant ma vision personnelle des événements auxquels je collabore – notamment, d'introduire un peu d'esprit critique. J'essaie également d'anticiper l'évolution de mon métier dans les années à venir, tout en tentant de faire avancer mon projet personnel.

Je n'ai pas de visibilité sur mon activité à long terme, mais je me sens confiante et je mets tout en œuvre pour que cet équilibre perdure. »

BUDGET

DEMANDEZ-VOUS RÉGULIÈREMENT « COMMENT POURRAIS-JE GAGNER DE L'ARGENT ? »

Quelle que soit la passion qui nous anime à faire notre travail, quelle que soit la compétence que nous y mettons, si nous ne gagnons pas d'argent… l'entreprise ne sera pas viable. « *Of course you do it for love. And you have to get money on the table*[1] », tonne la visionnaire américaine Danielle Laporte.

Comment pourrais-je gagner de l'argent, soit en faisant ce travail qui me passionne et a du sens pour moi, soit en faisant TOUT autre travail rémunérateur, pour lequel ma compétence est reconnue, ET qui me permettra de vivre (ou de compléter mon revenu) tout en construisant et en affermissant mon business « de cœur » ?

1. « Bien sûr que vous le faites pour l'amour. Et vous devez faire entrer l'argent dans la danse. »

QUEL SERVICE POURRAIS-JE RENDRE ET FAIRE PAYER, À QUI ? • QU'EST-CE QUI SERAIT AMUSANT DE FAIRE, ET AURAIT UNE DEMANDE SOLVABLE ? • QUEL MÉTIER « À CÔTÉ » POURRAIT ÊTRE RÉMUNÉRATEUR ET COMPATIBLE AVEC MON MÉTIER DE CŒUR ?

Posez-vous, reposez-vous ces questions régulièrement. Et commencez à noter les réponses dans votre petit cahier...

Parmi les pistes possibles, il y a de nouvelles idées. Il y a d'anciens métiers à vous. Il y a des pas de côté. Il y a des idées que vos amis ont eues pour vous. Il y a des idées entrevues dans la presse. Il y a des « petits métiers », qui vous laissent du temps ou de la disponibilité intellectuelle pour faire à côté ce qui vous tient à cœur. Il y a des métiers connexes au vôtre. Il y a des services que vous trouveriez amusant de tester.

Cher lecteur, pourquoi n'organiseriez-vous pas (tout seul ou avec un ou plusieurs amis) une séance « farfelu bienvenu », où la question posée serait « Comment je gagne de l'argent ? » Aucune réponse ne serait interdite et c'est vous ensuite qui prendriez la décision de faire ou de ne pas faire. Chiche ?

Les réponses pourraient vous surprendre.

Voilà ma propre liste (avec mes seules idées) (et en effet, j'ai été surprise).

Comment faire entrer plus d'argent dans la boucle :

- Encaisser les chèques rangés dans mon agenda ;
- Éditer la facture pour ce client qui me doit 600 euros ;

- Lancer le service de créativité que j'avais prévu de lancer pour octobre… et demander de l'aide à mes copines pour en parler autour d'elles ;
- Inviter deux de mes contacts pros à déjeuner pour imaginer ce que l'on pourrait faire ensemble ;
- Terminer d'écrire ce livre-ci ;
- Retrouver les premières bases du synopsis pour le livre suivant ;
- Imaginer un nouvel événement de créativité et le proposer *via* un espace de coworking dans lequel je me sens en confiance ;
- Écrire les articles que j'ai promis à mon client.

Certaines de ces actions sont très simples, d'autres sont déjà enclenchées, mais une chose est sûre : sans mes actions, pas un seul euro ne rentrera sur mon compte !

On a toujours plus de pouvoir que l'on ne pense.

IL A TROUVÉ SON IKIGAÏ

Yves Lorch, entrepreneur en mise en sécurité électrique et intrusion

J'ai rencontré Yves dans mon groupe d'entrepreneurs ; plus exactement, c'est moi qui ai passé deux ans et demi dans SON groupe d'entrepreneurs – lui a dix ans d'ancienneté dans ce groupe, c'est lui qui m'y a accueillie et il vient de me dire au revoir lorsque je l'ai quitté, il y a quelques semaines. Yves donne tout de suite envie d'aller vers lui grâce à son sourire et son attitude avenante. Yves impressionne aussi par son engagement dans son métier et dans son entreprise, qui aura bientôt trente-cinq ans !

« Ce que j'aime dans mon métier, c'est rencontrer les gens et c'est la technique. Dans une journée type, je suis autant chez mes clients que derrière mon bureau.

Je suis passionné par le son et par l'électricité. Mes parents m'ont raconté que j'ai changé ma première olive sur une lampe à l'âge de 5 ans ; ils ont accepté que je domotise ma chambre à 12 ans. Ils n'ont pas eu de mal à me faire confiance : ils voyaient que je passais mes journées à fabriquer des alarmes. J'étais passionné.

L'entreprenariat dans les gênes

Quand j'ai été en âge de faire des études, j'ai suivi pendant quelques années des études de gestion à la fac – cela m'a passionné mais j'avais surtout envie de me lancer ! Alors j'ai fait mon service militaire et j'ai créé ma boîte. Comment j'ai appris le métier ? Eh bien, j'ai fait énormément de stages en alarme et sécurité, j'ai acheté beaucoup de bouquins et j'ai posé beaucoup de questions à toutes les personnes qui semblaient en savoir plus que moi.

Plusieurs facteurs m'ont aidé à trouver mon ikigaï. D'abord, le fait d'avoir une passion qui peut être un métier. Ensuite, je suis persévérant – et j'ai persévéré. Et enfin, je suis issu d'une famille dont les deux parents étaient indépendants – j'avais l'entreprenariat dans les gênes ! Ma mère était décoratrice, elle créait des maquettes de salons, j'ai rencontré beaucoup d'artisans grâce à elle. Quant à mon père, il était dans la chaussure, il importait des chaussures qu'il revendait en magasin. Mes parents m'ont fait confiance tout de suite – je connais peu de parents qui acceptent que leur enfant casse l'électricité de sa chambre !

Aujourd'hui, je suis marié avec Corinne – nous travaillons ensemble, elle s'occupe de la gestion et moi des clients. Mais interdiction de parler de travail à la maison ! Nous avons une fille de 26 ans, Gaëlle, et un chien, Ipsos, qui a 4 ans.

Mon métier : une évidence !

Mais ce qui est difficile, c'est cette boule au ventre : va-t-on terminer l'année ? Tous les quatre ou cinq ans, il y a une crise, la guerre du Golfe, le 11 septembre, la crise économique de 2008, les élections, tout est bon pour déstabiliser le business. Moi, pendant ce temps-là, je dois payer mes gars, qu'ils travaillent ou non (j'emploie trois salariés, dont mon épouse ; nous accueillons aussi des stagiaires, qui nous apportent leur créativité et nous on leur apporte l'expérience). Mais bon, ça fait trente-quatre ans que ça dure !

Mon conseil à quelqu'un qui cherche son ikigaï, c'est : si tu veux durer, sois honnête – tu gagneras moins, mais tu dormiras mieux. »

SOYEZ CONNECTÉ… ET DÉBRANCHEZ !

Trouver et vivre avec son ikigaï, c'est-à-dire élaborer et donner au monde son meilleur travail, cela exige, eh bien, d'entrer profondément en soi et de faire parfois du travail difficile. Bien sûr que la plupart des actions peuvent être faciles, mais certaines étapes sont et doivent être difficiles – sinon tout le monde pourrait le faire et la valeur, mon ami, vous ne la créeriez pas.

Ce travail profond et parfois difficile demande de la concentration. Et la concentration, pour beaucoup d'entre nous, est devenue une denrée rare.

L'engin qui fait tout sauf le café

C'est une accro de l'iPhone qui vous parle. J'ai résisté trois-quatre ans avant de changer mon téléphone qui ne faisait que téléphoner et péniblement envoyer des textos, pour cet engin-qui-fait-tout-sauf-le-café, et un jour j'ai plongé dedans et c'est évident que je ne sortirai plus d'Apple.

J'essaie de me sortir suffisamment de la petite machine pour écrire ce texte (le premier jet de mon livre précédent a d'ailleurs été écrit pour moitié dans le métro, depuis le clavier de mon iPhone), mais alors que je vous « parle », l'iphonezinho est posé à 20 centimètres de ma main droite, la musique joue depuis l'appli Spotify, et le minuteur qui va me dire quand ça va être l'heure d'aller préparer le déjeuner, est aussi dans l'iPhone. De temps en temps, toutes les deux minutes à peu près, je checke mes trois comptes Facebook, mail et Instagram... Si tout va bien, je retourne à ma copie, mais il suffit qu'une image ou un titre retienne mon attention, la fameuse, et je suis perdue dans un trou de Facebook pour un nombre flou de minutes. Voilà comment une vie prometteuse est mal dépensée. *I'll spent*, comme on dirait en anglais.

De superbes idées

Je dois avouer que de superbes idées m'ont été données par le biais des newsletters et comptes internet et fils Facebook auxquels je suis abonnée. Des idées et ressources qui ont changé ma vie, et en tout cas l'ont enrichie de manière considérable. Je dois avouer aussi que j'aime partager mes photos, mes dessins, et les pépites trouvées sur Internet ou dans le monde. Mais pour une pépite trouvée ou partagée, combien de minutes perdues ?

Cette addiction qui chez moi est bien ancrée, me conduit, pour faire avancer mes projets, à passer du temps en silence. En silence audio et en silence média, c'est-à-dire, du temps où mon portable ne se trouve pas à portée de main – sinon c'est trop tentant. Je ne sais pas pour vous, mais moi je trouve toujours plus facile d'aller regarder ce qui se passe à l'extérieur que ce qui s'élabore à l'intérieur (et pourtant, je suis portée à l'introspection).

À quoi je me connecte quand je déconnecte ?

Lorsque je parviens à déconnecter, le monde m'apparaît au départ très quotidien, mais aussi bien plus vaste que le rectangle minus de mon écran ; et parfois je m'ennuie, parfois aussi je vogue de surprise en surprise.

Par exemple tout à l'heure, j'ai regardé par la fenêtre de mon bureau et j'ai vu deux garçons à la peau noire montés sur un VTT jaune fluo, l'un conduisant et l'autre assis sur le guidon. Évidemment, j'ai cherché à attraper mon téléphone pour prendre une photo… Mais c'était trop tard, ils étaient déjà sortis de mon champ de vision.

QUAND JE DÉCONNECTE, JE PRENDS LE RISQUE DU VIDE, JE PRENDS LE RISQUE DE L'ENNUI, JE PERMETS AUSSI À MA PENSÉE DE S'ÉLABORER, À MA RÊVERIE DE SE DÉPLOYER, ET JE ME DONNE LA CHANCE D'UNE ACTION ET D'UNE RÉFLEXION QUI VONT PEUT-ÊTRE FAIRE LA DIFFÉRENCE. ALORS QUE SCROLLER, CLIQUER, LIKER, COMMENTER, ÇA, TOUT LE MONDE PEUT LE FAIRE.

Quand je me déconnecte, je m'ouvre à la laideur, à la puanteur, mais aussi à la beauté et à la surprise du monde et de moi-même, de ce que je produis, de ce que je pourrais produire.

Quand je me déconnecte, je fais en moi le silence nécessaire pour que puisse émerger la petite voix, *the small still voice*, cet endroit où je reçois les réponses aux questions que je pose. Comment les entendre, si mon attention est enfouie dans le brouhaha ?

Comment déconnecter ?

La tentation de saisir la petite machine est si forte, ses utilités sont si nombreuses, le nombre d'objets qu'il remplace, si important... que cela demande une vraie stratégie, contre soi-même principalement, pour se ménager du temps sans elle – et plus globalement, sans distraction.

Comment je fais, moi, quand j'y arrive ? Deux choses : j'ai mis des règles et je me rends compte régulièrement que ces règles fonctionnent.

LES RÈGLES QUI MARCHENT POUR MOI :

1. Le téléphone portable est hors de ma chambre pendant la nuit (j'ai un réveil et une lampe de poche frontale si je veux lire jusqu'à pas d'heure sans déranger mon homme) ;
2. Le téléphone portable est hors de la cuisine lorsque nous prenons un repas en famille ;
3. Le téléphone portable est dans une autre pièce lorsque j'écris mes pages du matin (qui sont mon rituel méditatif préféré) ;
4. Lorsque je marche, je ne l'amène pas à chaque fois ; et dans le métro, j'essaie de le perdre au fond de mon sac SAUF quand je décide d'écrire un texte à partir de l'appli de prise de notes.

Ce que j'aimerais essayer de faire : c'est sortir la *maquinita* de la pièce quand je travaille. Mais vous avez vu que c'est un vrai doudou pour moi cet iPhone, à tel point que je lui ai donné autant de surnoms qu'à un personnage de roman de Dostoïevski !

Comment je vérifie que ces règles sont bonnes pour moi ?

Eh bien, de temps en temps je les enfreins et c'est la catastrophe ! Téléphone + pages du matin → ça me prend trois heures.

Téléphone sur la table de chevet → je m'endors beaucoup plus tard et mon sommeil est peuplé d'ondes, j'ai l'impression de sentir le monde qui grouille sur mon chevet.

Téléphone près de la table du dîner → il y a toujours un moment où je vais regarder mon compte Instagram, en douce, en croyant que personne ne me voit. Si si, je vous jure !

Leur transgression occasionnelle me permet de vérifier que ces règles fonctionnent et je recommence à les appliquer. Zou !

Et vous, cher lecteur, quelle est votre source de distraction préférée ?

Quelles règles avez-vous mises en place pour essayer d'être plus présent au monde et lui offrir un travail concentré, personnel ?

Quelles règles supplémentaires pourriez-vous essayer d'implémenter ?

ELLE A TROUVÉ SON IKIGAÏ

Emmanuelle, pédiatre spécialisée en néonatalogie dans un hôpital d'Île-de-France

Emmanuelle et moi sommes voisines. Nos filles sont dans la même école, mais nous, on se connaît par la paroisse (toutes les deux nous appartenons à l'équipe liturgique). Je suis très touchée par la façon d'être d'Emmanuelle, et ce depuis la première fois où je l'ai vue. En plus, je suis née dans l'hôpital où elle travaille aujourd'hui…

« J'ai 47 ans, je suis mariée depuis dix-huit ans avec Vincent, et ensemble nous avons trois enfants, deux filles de 17 et 15 ans et un fils de 12 ans.

Je suis pédiatre dans cet hôpital depuis six ans. Auparavant, j'étais dans un autre centre. J'ai pu suivre une obstétricienne pour qui j'ai beaucoup d'estime. Quand elle m'a proposé de la rejoindre parce qu'il y avait un poste, j'ai été très heureuse.

Je gère une équipe de pédiatres, mais mon vrai job, ma vocation, c'est d'être du côté des bébés.

Je veux être médecin depuis la terminale. En fin de troisième, je voulais être infirmière puéricultrice ; les profs m'ont conseillé de rester dans la filière classique ; et puis en terminale, ce rêve a mué, j'ai pensé "je veux faire médecine". Je me suis d'abord orientée vers la cancérologie pédiatrique, puis j'ai choisi la néonatalogie. J'adore les nouveau-nés.

Alors bien sûr oui, ce métier est très envahissant dans ma vie, et c'est à moi de mettre des limites. Ma fille aînée allait à la crèche de 8 heures à 20 heures tous les jours. Lorsque notre deuxième fille est arrivée, nous avons recruté une nounou à plein temps, puis j'ai pris un congé parental à l'arrivée de notre troisième enfant, qui a duré huit mois. C'était inconqru de demander un congé parental, en étant pédiatre à l'hôpital. Quand je suis revenue travailler, mon temps de travail a été réaménagé, et pendant quelques mois, j'ai travaillé 24 heures par semaine, 24 heures d'affilée et c'est tout.

J'aime mon métier

"Depuis que tu as eu tes enfants, ça t'a humanisée, tu es plus douce", m'a dit un jour une aide-soignante. J'aime mon métier. J'adore rassurer les mères, parce que cela me semble facile. J'aime valoriser leur enfant à leurs yeux. Elles sont souvent stressées, elles ne se font pas confiance, et j'aime leur montrer tout ce qu'elles peuvent lui donner.

J'aime quand je suis appelée en salle de naissance et que je réanime un bébé. Il y a beaucoup d'intensité, et c'est un travail d'équipe. On va tous dans la même direction, ça crée des liens très forts.

J'aime proposer une direction pour l'équipe, ce n'est pas naturel chez moi mais je me rends compte que c'est utile.

Ça ouvre mon horizon

J'aime aussi les réunions transversales avec les autres médecins, qui permettent que l'on fasse avancer les choses. Avec les années, je commence à développer un petit réseau ; on me demande parfois d'intervenir dans des séminaires de néonatalogie, de réfléchir dans un groupe de travail ; ça me permet de sortir les mains des couches des bébés et de prendre du recul. Ça ouvre mon horizon. J'accepte de le faire parce que c'est nourrissant, j'aborde une autre période de ma vie, où j'ai envie de me renouveler. Je suis très sensible à la routine, ça peut vite me peser.

L'ikigaï ?

Malgré tout ça, tu vois, je ne suis pas certaine de l'avoir trouvé, ce fameux ikigaï. Je fais exactement le même métier que mon père, qui lui aussi était pédiatre, dans le Sud-Ouest. La seule différence, c'est que son hôpital à lui n'était pas un centre universitaire... Parce que lui aussi, même s'il était en pédiatrie, il s'occupait surtout des nouveau-nés.

Les qualités que je mets en œuvre pour y arriver

La persévérance. Et la force de travail... J'ai beaucoup bossé pour devenir médecin, et je bosse toujours. C'est un peu un sacrifice, ces dix années d'étude, mais à l'époque je ne me suis pas dit ça. Aujourd'hui, je vois mes filles grandir et je me dis qu'il y a une façon plus détendue d'aborder le travail ! Mais bon, moi, j'avais fait ce choix, je m'en suis donné les moyens, sans jamais me poser la question de savoir si j'allais réussir ou pas.

L'autre qualité qui m'aide à exercer ce métier de mon mieux, et qui est la raison pour laquelle j'ai voulu devenir médecin, c'est que j'ai une attention particulière à la fragilité. La fragilité m'émeut.

Dans mon environnement, ce qui m'a aidée à réussir est probablement d'avoir vu mon père être médecin auprès des tout-petits. J'avais confiance. Ensuite, depuis que Vincent et moi sommes mariés et avons nos enfants, cela m'aide de voir qu'il croit en moi, et de savoir qu'il respecte énormément ce que je fais. Et puis concrètement, il assure quand je ne suis pas là, pendant les week-ends et les gardes.

En vivre...

Ce qui est bien, avec l'hôpital, c'est que je touche un salaire. Ça me rassure d'avoir un salaire. Si je devais me lancer dans un cabinet privé, je n'arrive pas à imaginer de lier mon travail à une rémunération.

Un rituel méditatif

Je ne sais pas si j'en ai un, vraiment. Je me dis que j'en aurais bien besoin ! Lorsque je vais vers l'hôpital, sur mon vélo, je prie pour me préparer à être disponible à ce qui va se passer. Et quand j'arrive, j'avais des idées dans la tête, des projets pour la journée et parfois tout vole en éclats à cause d'une situation urgente, une naissance prématurée...

Mais la foi pour moi est nourrissante, indispensable. Et l'art. Je suis contente, cette année je me suis inscrite à un cours de dessin. Et puis j'ai ma flûte traversière !

Un conseil

"Suis ce qui te rend heureux, ce que tu as au plus profond de toi."

Quand je suis de garde à l'hôpital et qu'avec les équipes on parle d'un patient, je suis heureuse, on partage une vision du monde, du caractère précieux de la vie. »

CHOISISSEZ CE QUE VOUS DONNEZ

Hier soir, j'ai fait cadeau à mon père et à ma belle-mère de deux flacons de vinaigre blanc aromatisés l'un à l'orange, l'autre à la lavande. Je suis « la reine (autoproclamée) des mixtures » et rien ne m'amuse plus, selon les années, que de fabriquer mes confitures (groseille, abricot, poire), mes rhums arrangés (banane, vanille, fruits de la passion, gingembre), mes huiles pour la peau (lavande, immortelle, millepertuis). Cette année, c'est dans du vinaigre blanc que j'ai mis à macérer des peaux d'orange, des brins de lavande du jardin, des peaux de citrons. Trois semaines dans un pot de verre, bien fermé, posé au soleil, puis au bout de trois semaines (ou plus) je filtre, je transvase dans un flacon avec vaporisateur, et hop, voilà du vinaigre qui sent bon pour pschitter sur l'éponge avant de nettoyer toutes les surfaces de la cuisine, de la salle de bains ou pour se frictionner les cheveux ! Bref, je suis ravie de le « fabriquer », de l'utiliser et d'offrir mes petits flacons.

« Tu pourrais les vendre, tu sais », m'a dit ma belle-mère. J'ai vu le prix (élevé) que les maisons de cosmétiques vendent notamment un produit qui ressemble à ma fameuse huile macérée à l'immortelle de Corse. Ce prix, j'avoue, me rend encore un peu plus fière d'utiliser cette huile pour mon visage et de l'offrir. Mais voilà, les mixtures ce n'est pas quelque chose que je vends. La nature me fait cadeau d'une idée… D'une ressource… J'expérimente… Le temps agit en ma faveur, et le soleil, ou l'obscurité… J'aime offrir ce fruit-là de mes expérimentations.

Expression libre et gratuite

De la même manière, j'ai avec mon blog un lieu d'expression libre et gratuite auquel je ne renoncerai pour rien au monde. D'autant qu'il me sert à plein de choses, à démarrer ma journée, à partager ce que j'ai trouvé, à être le brouillon de certains de mes livres (pas celui-ci !).

La frontière est ténue avec le contenu que j'élabore sur mon blog et celui que j'élabore dans mes livres. À vrai dire, ma voix d'écriture est la même et les sujets que j'aborde dans mes livres sont les mêmes que ceux du blog : ce qui m'intéresse, ce dont je sais parler. La raison pour laquelle mon blog est gratuit et mes livres sont rémunérés réside en la finitude du livre/l'infinitude du blog. Dans le fait qu'il y ait un sujet dans un livre, et pas de sujet au blog ; de la contrainte de publier dans un délai et un format donnés pour le livre, alors que sur mon blog je fais un peu comme je veux (même si j'essaye de m'astreindre à une régularité d'écriture).

Idem pour les formations. Il m'arrive de donner des conférences gratuitement, mais alors elles sont ponctuelles et c'est dans un but de notoriété. Une formation, elle se répète, elle a un marché, des personnes prêtes à payer (moi directement ou la société pour le compte de laquelle j'effectue la prestation).

Donner, vendre

Cela n'obéit pas aux mêmes mécaniques ni ne répond aux mêmes besoins psychologiques. Je vends mon travail. Que je fais parfois par devoir, le plus souvent avec plaisir et conscience professionnelle. Je choisis ceux avec qui je travaille – aujourd'hui, ceux qui m'éditent et ceux qui vendent des formations.

J'OUVRE MON CARNET D'ADRESSES, J'OFFRE MES MIXTURES, J'ÉCRIS DES PRIÈRES – GRATUITEMENT.

Je donne un conseil professionnel quand on me le demande, si je sais, si j'ai envie, si j'ai le temps.

Je vends le temps que je passe à élaborer et à animer une formation, je vends mes droits d'auteur – c'est ainsi que je vis. Et évidemment, j'essaye de vendre ce travail au prix juste.

Cet équilibre n'est pas figé dans le marbre – si un jour je décide de devenir herboriste, on verra bien !

Les deux formes de contribution ont un sens pour moi.

Et cette clarté m'aide. Elle aide à donner joyeusement. Elle aide à vendre sans culpabilité. Elle aide à ne pas se faire escroquer. Elle aide à garder des relations saines.

Et vous, cher lecteur : Que décidez-vous de donner ?
Que décidez-vous de vendre ?
Cette distinction est-elle claire dans votre tête ?

ASSUMEZ VOTRE STYLE

Je me souviens, lorsque j'accompagnais l'écriture de livres de management, avoir travaillé avec une coach géniale, visionnaire, au franc-parler sans langue de bois, qui disait des choses très justes, un peu dures mais réelles, sur les femmes et leur rapport au pouvoir. Toute cette sincérité, ce punch, nous l'avions mis dans le premier jet du livre. Et puis à la relecture elle a « pris sa gomme » et a adouci les traits les plus saillants. « Je ne veux me fâcher avec personne, il y a des choses que l'on peut dire mais pas écrire. »

Dix ans plus tard, je suis encore désolée de cet allégement de sa vision. Une personne qui avait travaillé avec elle m'a d'ailleurs fait la remarque : « Ah, il est pas mal son livre, mais elle est bien plus intéressante à écouter en personne. Je me suis demandé où était passé son franc-parler que j'apprécie tant, même s'il nous pousse hors de nos zones de confort. »

L'une des principales manières de perdre de sa puissance est d'avoir honte de son style et d'essayer d'en gommer les aspérités pour « rentrer dans le moule ».

ÇA NE MARCHE PAS, POUR PLUSIEURS RAISONS :

1. Nous usons de l'énergie à nous en vouloir d'être comme nous sommes ; une énergie énorme, et triste.
2. Nous émoussons notre don, notre joie, en nous empêchant de faire les choses comme nous aimons et savons les faire.
3. En n'étant pas convaincu nous-mêmes de ce que nous proposons, nous ne risquons pas de convaincre les autres.
4. En voulant plaire au maximum de monde, nous nous coupons de ceux, réels, même s'ils sont peut-être moins nombreux, qui peuvent goûter notre miel dans sa pleine saveur.
5. En rognant notre outil, notre manière de faire, nous sommes beaucoup moins percutants, pertinents, puissants (parce que c'est notre manière de faire qui nous donne de la puissance).
6. On craint qu'entrer dans notre propre style nous empêche de gagner notre vie, or c'est plutôt le contraire qui se passe : plus on est lisse et interchangeable, et plus c'est difficile de demander à être payé à sa juste valeur.

Tout est dit, non ?

Afficher la couleur

Quand j'anime une formation, j'ai un style tellement personnel – où je parle de ce qui m'arrive en profondeur, où je traite mon audience avec chaleur, où je n'hésite pas à faire le clown, où j'utilise la force du groupe, ce qu'il sait, où je propose à chacun une certaine exposition, de travailler avec ses fragilités... Cela m'a pris des années pour assumer cette manière de travailler, pour l'accepter d'abord seule (je me suis fait un peu aider par ma psy) et puis l'annoncer en début de formation. Accepter que cela n'allait peut-être pas convenir à TOUS les participants, mais certainement à DAVANTAGE que si je gommais mes particularités ou m'en excusais. Alors voilà, en même temps que je m'intéresse aux intentions et aux zones de savoir-faire des participants que j'accueille, j'annonce mes intentions et mes zones de savoir-faire propres ; et juste après avoir donné le programme de la journée, j'annonce comment je leur propose de s'y prendre pour apprendre.

Avant de réussir à travailler avec qui je suis, et de l'expliquer et de l'utiliser au maximum, et de me sentir flamboyer et vibrer, j'avais beau mettre des foulards de prix, et des blazers, et porter des chaussures à talons, je passais mon temps les épaules rentrées, à m'excuser (sans le dire, mais je ne disais finalement que cela) d'être qui j'étais. Avec le résultat que l'on devine, de fatigue, de migraine ophtalmique, de voix qui ne porte pas, de participants qui avaient l'impression de perdre leur temps, de traumatisme professionnel durable (*Tu es mauvaise, laisse tomber*).

Notre style, c'est notre or

À nous de le cultiver, de le faire fructifier, d'amplifier ses qualités et ses traits saillants. Et oui, nous avons des manques. Et oui, il y aura toujours quelqu'un à qui ce style ne conviendra pas. Mais nous ne travaillons pas pour tout le monde. Quelques-uns, ça suffit. Assumer et entrer dans notre style va nous permettre de les rencontrer, ces personnes qui ont soif de ce que nous sommes. Et nous avons soif d'elles aussi car elles nous donnent du grain à moudre, elles nous font progresser, elles nous interrogent, elles nous émeuvent. Et accessoirement, elles nous donnent de quoi vivre.

Et vous, cher lecteur, comment qualifieriez-vous votre propre style ?

Êtes-vous à l'aise avec ce style, ou bien vous dites-vous parfois « Bon... là je vais essayer de rentrer dans le rang ? »

Qu’est-ce qui fonctionne le mieux pour vous ? Assumer votre style ou être un peu plus neutre ?

Cela peut prendre des années d’oser assumer qui l’on est. Il y a souvent des aspects de nous-mêmes qui ont été vivement critiqués par nos parents, nos grands-parents, nos professeurs ; ou des idées que l’on se fait, de comment devraient être les choses.

Un travail avec un ami bienveillant, avec un thérapeute ou un coach peut être très aidant et libérateur (c’est comme cela que je l’ai vécu pour ma part) dans l’acceptation et la « proclamation » de son style singulier. Comme levier de joie et de puissance professionnelle.

PRÊTEZ ATTENTION AUX SYNCHRONICITÉS

L'un des plus beaux cadeaux que m'a fait ma mère a été de me biberonner aux contes recueillis par les frères Grimm. Ces contes de sagesse, qui ont fait mes délices et les font encore, ont introduit dans ma conscience une attention au merveilleux et aux signes dans le commun de la vie.

Cela m'a pris plus de vingt ans et même peut-être trente – à vrai dire je bataille toujours –, pour accepter de mettre mon cerveau « innocent » (mon cœur) au même niveau que mon cerveau « rationnel » (ma tête ?) ; à ne pas minimiser l'ampleur des petites voix et des signes ; à avoir le courage d'amplifier ce que me dit mon intuition et d'en tirer des règles de conduites dans le monde extérieur. De nombreux contes la disent très bien, cette arrogance du mental et la difficulté qu'il a à lâcher l'affaire, quand dans une fratrie les deux frères aînés exigent du roi leur père un tas d'épreuves supplémentaires pour le troisième frère, le Simplet qui se laisse guider par son cœur. Mais le Simplet jamais ne se dégonfle et toujours affronte, et réussit miraculeusement et haut la main, une à une les épreuves qui lui sont imposées. À lui les clés du royaume !

Là, des signes apparaissent

Que sont les synchronicités ? Ce sont des signes que la vie nous envoie, qui nous disent que nous sommes sur le bon chemin (ou au contraire, qui nous enjoignent de prendre nos jambes à notre cou). Dans mon expérience, il y a des moments où je suis conductrice de synchronicités, et d'autres moments où c'est le grand silence radio.

J'ai remarqué que ces moments de conduction, que l'on peut appeler aussi « avoir les chakras ouverts », me viennent dans quatre types de circonstances :

1. Quand je suis complètement perdue, triste, déprimée, désorientée, quand de grands pans de ma vie s'effondrent.
2. À des moments d'ennui, de vide tranquille, de vacance intérieure.
3. Quand je questionne, demande, à être guidée, à recevoir des réponses.
4. Et enfin, quand je me mets en chemin vers un but clair et précis, comme en ce moment avec ce livre.

Tiens-toi au pinceau

Ces signes, ce sont des petites choses toutes simples, des questions dans ma tête ou dans mes cahiers qui trouvent un écho dans la vie du dehors. Un peu comme les rêves de la nuit, ceux dont on se souvient, ils sont très frappants à expérimenter et très barbants quand on veut les raconter.

Lorsque l'on s'élance hors d'une voie qui ne nous convenait pas et qu'on en cherche une autre, lorsqu'on a lâché la solide échelle pour attraper le pinceau, ce qui nous soutient dans notre décision et ce qui nous montre le chemin, ce sont les mains invisibles qui se tendent devant nous, au-dessous de nous, les bribes d'informations descendues du ciel (un article lu sur internet – une phrase entendue dans la rue – un prospectus sur la voiture du voisin – un camion devant nous dans les embouteillages – un cadeau que vous ramène votre mari en rentrant du bureau – un rêve de la nuit...).

Les réponses à nos questions sont là, autour de nous, en nous. Notre travail est de les percevoir, d'y prêter attention et de suivre ce qu'elles nous disent – trois choses qui demandent confiance et abandon.

Bien sûr que vous n'allez pas laisser la direction de toutes les opérations à votre seul cœur et aux synchronicités. Bien sûr que votre raison et votre tête ont leur mot à dire. ET les synchronicités méritent qu'on les écoute au moins à parité : elles sont un guide non seulement merveilleux, mais aussi très efficace.

Cher ikigaïchercheur, essayez ceci si le cœur vous en dit : retournez votre cahier d'ikigaï et sur la face B, commencez à relater vos expériences de synchronicités. Mon expérience m'a enseigné que plus on relate ces signes, plus on les prend au sérieux et plus ils ont tendance à se reproduire et à nous guider efficacement.

Et en cadeau, ce texte du grand Goethe, appelé *Le Pouvoir de l'engagement.*

« Tant que nous ne nous engageons pas,
le doute règne, la possibilité de se rétracter demeure
et l'inefficacité prévaut toujours.

En ce qui concerne tous les actes d'initiatives
et de créativité, il est une vérité élémentaire
dont l'ignorance a des incidences innombrables
et fait avorter des projets splendides.

Dès le moment où on s'engage pleinement,
la Providence se met également en marche.
Pour nous aider, se mettent en œuvre toutes sortes de choses qui sinon n'auraient jamais eu lieu. Tout un enchaînement d'évènements, de situations et de décisions crée en notre faveur toutes sortes d'incidents imprévus, des rencontres et des aides matérielles que nous n'aurions jamais rêvé de rencontrer sur notre chemin.

Tout ce que tu peux faire ou rêver de faire, tu peux l'entreprendre. L'audace renferme en soi génie, pouvoir et magie.

Débute maintenant. »

PRENEZ-VOUS VOUS-MÊME AU SÉRIEUX

« Si je ne suis pas pour moi, qui le sera ?
Et si je ne suis que pour moi, qui suis-je ?
Et si pas maintenant, quand ? »

Hillel l'Ancien

J'éprouve souvent une grande difficulté à me prendre au sérieux dans certains domaines, comme le sexe (je ne devrais pas écrire ça !) ou le business (je ne devrais vraiment pas écrire çaaaaaaa !). Et il n'y a pas de mystère : ni le sexe ni le business ne m'ont en retour prise très au sérieux. Il y a, en revanche, de nombreuses aires dans ma vie que j'ai prises au sérieux, et où je me suis prise au sérieux. C'est-à-dire que j'ai pensé : si personne ne le fait à ma place, cela va manquer au monde.

J'AI PENSÉ QUE J'ÉTAIS LA SEULE À POUVOIR RACONTER LES HISTOIRES QUE J'AVAIS À RACONTER.

J'ai pensé que j'étais la seule à pouvoir mettre au monde les enfants que j'aurais, et leur transmettre ce que j'avais à transmettre, et les aider à grandir de la manière qui était bonne pour eux.

Lorsque je prends une photo, ou fais un dessin, lorsque j'anime une formation, et que j'assume mon style, personne, je vous le jure, ne peut le faire comme cela à ma place.

Entendre un appel

Se prendre au sérieux, c'est comprendre ce pour quoi on est sur terre, décider d'y aller, puis y aller résolument. Et ne pas hésiter à dire, « Je suis écrivain », avant même d'avoir été publié, si on écrit, si on est déterminé à vouloir embrasser cette vocation, si on se voit écrire pour le restant de ses jours.

Certains appels se modifient, d'autres restent consistants. Certains appels consistants verront leur forme évoluer, leur manière d'être exercée évoluer. Un éditeur change de maison. Un prêtre change de paroisse... Un journaliste change de support. Mais le fond du métier, (informer, chercher ce qui donne sens, permettre à des livres bons pour l'âme de voir le jour...) ce fond reste le même.

Un projet – et une recherche – c'est toute la période pendant laquelle la plupart du monde extérieur ne vous prend pas au sérieux. Oui, cher lecteur, on risque de vous dire pendant un petit moment « Qui êtes-vous pour vous prétendre écrivain/curé/entrepreneur (et tout ce que vous savez que vous êtes appelé à être) ? » Il n'y aura que votre foi en votre vocation, et votre travail acharné, et l'appui bien sûr d'une poignée de personnes qui ont reconnu ce potentiel en vous, pour vous soutenir dans ce fol espoir de construire une vie faite à votre main.

Et vous, cher lecteur, dans quel domaine de votre vie avez-vous le sentiment profond d'avoir quelque chose d'important, et d'unique, à apporter ?

ELLE A TROUVÉ SON IKIGAÏ

Angélique Villeneuve, auteur

Angélique, je l'ai d'abord rencontrée via le blog qu'elle a tenu pendant un an ou deux, alors qu'elle habitait en Inde avec sa famille. Mon oncle Jérôme, dont elle est l'amie depuis des années, recommandait ce blog et j'en ai tout de suite adoré le ton (super drôle, tendre, unique) et les photos (très colorées, un œil unique). Depuis, j'ai rencontré Angélique en vrai et j'ai lu des vrais livres d'Angélique… Mais je l'aime toujours, surtout, dans ses « petits » textes et dans les photos poétiques et poignantes des « petites » choses de la vie (toujours très colorées !) qu'elle publie sur Facebook.

« Enfin, je commence à apprivoiser l'impression d'être légitime. J'ai 52 ans et j'ai trouvé mon ikigaï dans la quarantaine. Cela s'est produit en plusieurs étapes. J'écris depuis toujours, l'écriture est depuis toujours importante et source de plaisir pour moi ; mais l'impression que ma vie va tourner autour de ça et va devenir plus grande parce que j'écris, ce n'est pas venu avant 2009 ou 2010. L'écriture me fait me sentir moins rétrécie et davantage reliée au monde.

Depuis l'enfance

Depuis avant l'enfance pourrais-je dire même : mon père était journaliste et ma mère a écrit un roman – dans la famille où je suis née, l'écriture était importante. Mais un jour je me suis dit : "Et si j'écrivais un roman ?" J'avais envie qu'il se passe un truc dans ma vie. C'était à la fin des années 1990. Alors je l'ai écrit, il s'est appelé Âge mental *et a été publié chez Denoël. Même à ce moment-là, je n'avais pas compris à quel point ça allait changer ma vie d'écrire, me remplir à ce point, même physiquement. Mes enfants étaient petits, je me sentais plus légitime comme mère que comme auteure. Aujourd'hui, mes filles vivent leur vie. L'une travaille, l'autre est en alternance. Elles se débrouillent bien.*

Chercher la langue qui n'est que mienne

Ce que j'aime spécialement dans ce travail, c'est chercher ma langue. Chercher la langue qui n'est que mienne. Lorsque j'écris, il m'arrive de penser : "Ma singularité est en train de s'exprimer dans ces mots-là, il n'y a que moi qui puisse le dire exactement comme ça. Et puis, la phrase va être écoutée par quelqu'un d'autre, mon lecteur, ma lectrice, et va le toucher justement parce qu'elle a cette singularité-là." En écrivant, je trouve ma propre place et je cherche, modestement, ma façon de dire qui je suis et comment je vois le monde.

Ce qui me pousse à écrire, c'est la recherche d'une place dans le monde. Tout le monde se sent un peu différent des autres, et utiliser dans son travail cette différence pour aller vers les autres... Si les gens aiment le livre, ça m'aide à accepter ma différence. C'est une grande chance, de pouvoir utiliser ses failles pour trouver sa place et aller vers les autres.

En vivre...

Je suis mariée, et c'est aussi grâce à mon mari que je peux assumer cette vocation. Je suis loin d'en vivre. Pendant des années, il gagnait bien sa vie et j'ai pu écrire ce qui me tenait à cœur et ne jamais faire de boulot alimentaire. Il a changé d'orientation professionnelle, et tous les deux on gagne plutôt mal notre vie. Mais c'est grâce à son soutien que je peux le faire et que je le fais encore. Parce que ce que l'on gagne comme argent pour un an ou un an et demi de travail... je préfère ne pas en parler !

Cette nouvelle situation me donne un sentiment de précarité, et aussi un coup de pied au cul, avec la question qui revient plus souvent qu'auparavant, "Comment je peux faire pour gagner un peu plus d'argent ?" Ça s'améliore.

Mais cette situation est courante chez les auteurs, c'est tellement formidable de publier qu'on ne va pas en plus gagner de l'argent ! Simplement aujourd'hui, j'écris et publie davantage de livres, je publie aussi en jeunesse (c'est un travail moins long, et formidable aussi), je participe à des rencontres autour de mes livres qui sont rémunérées et j'ai de plus en plus de demandes pour ça, j'anime aussi des ateliers d'écriture, un petit peu. J'essaie de sortir de mon petit confort, trouver des moyens de gagner plus d'argent – et pour ça, ce n'est pas mal d'être au pied du mur. Qu'est-ce que je fais de la situation ? Quand on discute avec d'autres auteurs, on voit à quel point c'est compliqué, de négocier, d'être payé correctement pour des rencontres.

L'écriture me sert à tisser un lien

Les rencontres que je fais avec des jeunes qui sont non-lecteurs, et qui, avant que l'on se rencontre, n'avaient jamais entendu parler de mes livres, je les trouve formidables. "Madame, vous m'avez presque donné envie de lire !" Ça me plaît qu'ils se rendent compte qu'un auteur c'est une personne vivante, et que ce n'est pas forcément quelqu'un de poussiéreux ! Je ressors de ces rencontres avec un regain d'énergie, l'écriture me sert à tisser un lien, à entrer là où je ne serais pas entrée sans elle. Non vraiment, je ne vois pas d'activité plus formidable qu'écrire.

Alors quand je veux me détendre... Bon, déjà, je réfléchis à ce que j'écris ! Les personnages, on ne les pose pas quand on pose son stylo. L'écriture j'y pense tout le temps. J'ai une vie parallèle avec des personnages à méditer. Les femmes sur lesquelles j'écris sont très réelles. J'éprouve un vrai compagnonnage d'auteur à personnages. Et puis je lis, je vais au cinéma. Je marche dans la campagne. D'une manière générale, la nature est hyper importante pour moi.

Je dis que je suis auteur, et pas écrivain – et pourtant, je vais publier mon septième roman. J'ai l'image de l'écrivain avec plus de talent, plus de reconnaissance, même si je me sens de plus en plus à ma place au milieu de mes pairs.

Persévérer

J'ai mis longtemps avant d'oser dire à mes enfants et mon mari, "Bon maintenant, sortez de mon bureau parce que je travaille" ou bien "Non, je ne peux pas faire ça parce que je travaille". J'ai la chance d'avoir une pièce dans ma maison qui est mon bureau (même si elle sert aussi de chambre d'amis). Une pièce dédiée à ce travail, ça prouve que tu prends ta place comme écrivant. Je n'en suis pas encore là, de dire écrivain. Dans mon esprit, un écrivain c'est quelqu'un qui est plus fort que moi.

Ce que j'écris est intime et pas privé. Le privé est vraiment privé ; l'intime peut être donné. Avant qu'un livre sorte, je me dis "Ça ne va pas marcher". Que les gens entrent dans les failles du texte, ça me plaît bien. Et l'idée d'être critiquée ne me dérange pas, si c'est fait de façon bienveillante. J'essaie de toujours répondre aux gens qui critiquent mes textes, en essayant de comprendre ce qu'ils ont voulu dire. La critique ne me fait pas tomber par terre. Je fais la différence entre ce que je suis et le livre. Le temps long d'un livre aide à cette distinction... Le livre qui va sortir en février 2018, j'ai fini de l'écrire il y a un an !

La qualité principale pour faire ce métier, d'après moi, c'est la persévérance. Pour être auteur et publier des romans, le premier truc c'est qu'il ne faut pas se décourager. Mon premier roman a eu des aventures, Gallimard m'avait appelée pour qu'il passe au comité de la collection blanche, il n'a pas été retenu, mais l'éditeur que j'avais rencontré voulait me garder dans la maison, "Je vais essayer de vous trouver une autre collection". J'ai signé un contrat... et la collection a été supprimée avant que le livre ne sorte. J'ai dû trouver une autre maison. Il a eu un seul article dans un journal pas très connu...

Lorsque j'ai voulu publier le deuxième roman, la maison avec qui j'avais signé a fait faillite.

La première qualité c'est vraiment de ne jamais lâcher, on ne gagne pas d'argent, on n'est pas vu, on est peu reconnu socialement, c'est vraiment un métier qui génère des insatisfactions. Lorsqu'on écoute les auteurs, soit il n'y a pas assez de vente, soit ils n'ont pas assez de presse... C'est aussi ne jamais être vraiment content de soi, parce que si tu écris un truc que tu trouves super aussitôt, tu ne progresses pas. Ce qui m'aide à rendre le manuscrit malgré le fait que je le trouve imparfait, c'est qu'il y a un moment où je sens qu'il faut que ça s'arrête, parce que j'ai besoin de passer à autre chose.

Il faut aimer être seul ; écrire des romans est une activité très solitaire. C'est d'ailleurs aussi pour cela que j'écris des livres jeunesse, d'abord je gagne mieux ma vie avec ces livres, et puis ils me permettent de rencontrer des instit.

Un conseil

Cherche ce qui te rend vivant. Et accroche-toi une fois que tu l'as trouvé. Se prendre au sérieux... Non... Prendre au sérieux quelque chose qui te rend vivant. Si ça te rend vivant et heureux, il faut que tu le prennes au sérieux, que tu prennes du temps pour le faire, acheter le matériel dont tu as besoin, dire aux autres : "Attends, je suis en train de faire ce qui est important pour moi." Même si ce sont des choses qui paraissent futiles, ou légères, ou accessoires. »

QUELLES SONT VOS CONDITIONS DE FONCTIONNEMENT ?

Parfois, on croit qu'un travail n'est pas fait pour nous, alors qu'en fait nous l'exerçons dans des conditions qui ne nous conviennent pas.

« EST-CE QUE JE PEUX TE PARLER ?

– NON, PAS MAINTENANT, J'ÉCRIS, MAIS REVIENS DANS 5 MINUTES, J'AURAI FINI ».

Lorsque j'écris, j'ai besoin d'un certain type de concentration – je peux écrire au milieu d'un environnement très bruyant et mouvant, tant que ce n'est pas à moi que ce bruit s'adresse ni moi qu'il sollicite. Écrire dans le métro, au café, avec de la musique très forte, c'est propice. Mais qu'on me demande quelque chose pendant que j'écris et je perds ma phrase, l'élan dansant des mots qui crée du sens.

Cet environnement vivant non sollicitant, où je suis portée et ce n'est pas moi qui porte, c'est l'une de mes conditions de fonctionnement pour écrire.

J'ai aussi besoin pour me lancer dans l'écriture d'un texte, d'un bout d'idée que j'aurai ruminée quelques instants ou quelques semaines, parfois quelques années, parfois aussi le texte est tout écrit dans ma tête quand je commence à l'écrire avec mes mains. Cela surprend les gens, que je passe si peu de temps effectif à écrire matériellement, mais la vérité est que le temps passé à écrire est autant dans la méditation du texte, de l'idée, des détails, de l'agencement, que dans l'acte proprement de transcrire physiquement les mots. Et bien sûr, et c'est l'une des choses qui me plaît dans l'écriture, le geste d'écrire amène d'autres idées, d'autres mots, fait prendre au texte imaginé une direction insoupçonnée ou du moins lui ajoute des rameaux qui n'étaient pas prévus. Pour résumer, un texte je l'écris d'abord dans mon lit/sous la douche/en préparant le dîner/en promenant mon chien/sur le vélo ; puis assise, couchée et peut-être un jour debout sur mon écritoire, pioup, l'arbre qui se préparait sous terre éclot par la magie de la lumière et de l'eau et devient tige, feuilles, le texte se dresse et advient.

Un environnement sécurisant

L'autre élément de contexte grâce auquel je fonctionne bien pour travailler est un environnement « secure ». C'est même le seul dans lequel j'accepte de travailler aujourd'hui. Je ne parle pas d'une sécurité de coton, où 100 % des paramètres sont bordés, mais lorsque je collabore avec quelqu'un, lorsque je fournis un travail pour quelqu'un, par exemple un éditeur ou un institut de formation, ou un client, j'ai besoin de plusieurs éléments qui vont me permettre de me concentrer exclusivement sur mon travail : Quel contenu précis attendent-ils de moi ? Quelle est la date de remise ? avec, éventuellement, quelle marge de manœuvre ? Combien je serai payée, et quand ? Et aussi, si j'ai des soucis, puis-je m'appuyer sur eux – de manière raisonnable, et réelle ?

Une fois que ce cadre est fixé qui nous protège eux et moi, j'ai besoin de confiance de leur part (le travail sera fait dans ce cadre) et de liberté (je m'organise comme je veux).

SÉCURITÉ ET LIBERTÉ : CE CADRE EST COMME UN FAUTEUIL DANS LEQUEL JE PEUX M'INSTALLER POUR FAIRE LE MEILLEUR TRAVAIL POSSIBLE.

Un fauteuil Ikéa, design, fonctionnel, pas trop fragile, assez solide pour que je puisse m'y appuyer.

Quand je n'ai pas cela, quand le cadre en face n'est pas fixé ou pas respecté, ou quand mon interlocuteur me prive de mon espace de liberté, alors l'insécurité prend toute la place et notamment celle dévolue au bon travail.

Or moi, ce qui m'intéresse, c'est de faire du bon travail, et de développer des relations de travail harmonieuses. Un signe qui ne trompe pas : la joie, l'énergie que j'éprouve après la plupart des réunions et des séquences de travail. Si fatigue il y a, alors ce doit être une bonne fatigue physique, pas un épuisement nerveux.

Un fil de bonne volonté tendu vers l'autre

Quand le cadre est fixé et suffisamment solide, quand la relation est secure, je me sens tirée par un fil de bonne volonté ; je peux mobiliser toute mon intelligence, mon envie de bien faire, toutes les ressources alentour, puisqu'elles ne sont pas parasitées par le doute. Point de fasseyement : J'accours ! Je vole ! Je donne mon meilleur.

Dans mes conditions de fonctionnement idéal, il y a aussi l'alternance entre projets d'écriture (où je suis seule, tranquille, plongée dans les textes...) et journée d'animation de formation (où je dois être prête tôt et où pendant toute une journée, et plus souvent deux, je ne m'appartiens pas).

Cela m'a pris des années avant de comprendre cela, quelles étaient mes conditions de fonctionnement optimal. Cela m'a pris des années de NON-RESPECT de ces conditions (que je ne connaissais pas, faut dire !) ; et je les ai trouvées autant par la négative (j'étais malheureuse lorsqu'elles n'étaient pas respectées, insécure, inefficace, mal payée, envahie, incapable souvent de faire le boulot, ou alors à quel prix)...

Et puis un jour, « par hasard », j'ai rencontré ceux avec qui je travaille aujourd'hui. Nous avons su créer une relation saine et productive – à vrai dire, comme en amour quand ça marche, nous n'avons pas eu de mal à créer ces liens, ils se sont installés naturellement, chacun a donné ses besoins, parlé de ses contraintes et de ses aspirations, et le reste s'est ajusté.

Voilà, cher lecteur, ce que je vous souhaite de tout cœur de rencontrer. La disponibilité aux bonnes personnes et aux bonnes conditions repose aussi sur notre capacité à dire non à ce qui n'est pas pour nous – mais ça, c'est une autre histoire.

Et vous, ami lecteur : avez-vous trouvé vos conditions optimales de fonctionnement ? Si oui, quelles sont-elles ? Parvenez-vous à les vivre aujourd'hui ? Si non, que vous manque-t-il ?

ELLE A TROUVÉ SON IKIGAÏ

Charlotte Dumont, éditrice

La première fois que j'ai parlé avec Charlotte, j'étais supposée ce jour-là terminer le manuscrit d'un livre que j'écrivais depuis deux ans et demi. C'était son premier jour de travail et elle m'a écrit pour me dire qu'elle aimait lire mon blog et que si j'avais des projets d'ouvrage de type développement personnel nous pouvions en discuter. Dix minutes après avoir reçu son mail, je l'ai appelée en lui disant que ça tombait bien, j'étais justement en train de terminer un manuscrit. Elle ne pensait pas que la réponse viendrait si tôt ! Bref j'ai cavalé sur mon ordinateur, lui ai envoyé le texte une heure plus tard... Elle ne l'a pas édité mais nous sommes restées en lien, avons travaillé plusieurs fois ensemble depuis et nous voilà !

« J'ai 38 ans, et mon ikigaï, je l'ai trouvé à l'âge de 36 ans, depuis que je travaille dans une maison d'édition que j'aime. Avant cela, je faisais des trucs que j'adorais, hyper nouveaux à chaque projet, mais sans parvenir à tenir à distance le travail, et sans équilibre satisfaisant entre ma vie professionnelle et ma vie personnelle.

Cloisonner vie professionnelle et personnelle ?

Ça ne marcherait pas pour moi. Mes idées, je les trouve dans ma vie professionnelle, les gens avec qui je travaille, j'aime aussi les retrouver dans ma vie personnelle, car ce sont des gens que j'aime. Alors oui bien sûr, je passe trop de temps sur les réseaux sociaux, mais c'est là aussi que je trouve des idées, même quand mes enfants sont sous la douche.

Mon métier, c'est être au centre d'un truc qui va devenir un livre. C'est donner des énergies différentes, celles dont elles ont besoin, aux bonnes per-

sonnes pour qu'elles écrivent. C'est être une grande oreille, c'est être capable d'encourager les auteurs, de les cadrer, de les défendre.

Ce que j'aime spécialement dans mon métier

C'est trouver des idées. C'est amusant d'ailleurs, car quand je refais l'histoire et que je relis ma carrière, au départ ça ne faisait pas du tout partie de mon travail. J'ai commencé à proposer des idées... et aujourd'hui c'est l'essentiel de mon travail : monter des concepts.

J'ai décidé très jeune que je voulais travailler dans l'édition. Mes parents m'avaient prévenue, "L'édition, c'est dur d'y entrer", alors très tôt, j'ai fait mes premiers stages. Depuis l'âge de 19 ans, tous les étés, je me cherchais un boulot dans le secteur, afin de mettre toutes les chances de mon côté pour bosser. Oui, j'ai trouvé que c'était beaucoup de travail, de faire en sorte de trouver un job dans le secteur qui m'intéressait ; il fallait comprendre les règles de ce milieu, rencontrer des gens. Et ça m'a plu.

Une fois le métier trouvé...

Il a fallu quelques années pour que je trouve l'endroit idéal où l'exercer. Mais les choses se sont alignées d'elles-mêmes. À l'époque, j'étais éditrice free-lance et la maison pour laquelle je travaille actuellement était l'un de mes clients. J'aimais bien la liberté d'organisation théorique du free-lance, mais en fait j'avais perdu la capacité à dire non. Je travaillais trop. Le développement personnel n'était pas mon domaine de prédilection (j'étais plutôt spécialisée dans les ouvrages pratiques), mais j'ai eu envie de tenter le coup.

Et ce qui s'est passé, c'est que cet environnement hyper bienveillant m'a très bien correspondu. Je me suis trouvée, au travail, beaucoup plus productive, efficace qu'auparavant, et cette productivité a multiplié mes capacités d'initiation des projets. Ici, l'esprit c'est plutôt "Ok, on fait venir l'auteur et on met les moyens derrière pour que ça marche". Le nœud du succès de cet environnement de travail, pour moi sûrement et pour mes collègues je pense, c'est de ne pas être jugé. Je me suis toujours sentie accueillie de manière bienveillante et enthousiaste. Je dois vraiment un truc à cette maison d'édition, c'est la révélation que l'intuition est un élément central dans la prise de décision. Parfois encore, je ne vais pas au bout de mon intuition et cela me revient comme un boomerang (généralement quand le concept auquel j'avais pensé est développé avec succès par un confrère !). Ces intuitions que j'écoute de plus en plus, construisent une ligne éditoriale qui mûrit très bien.

Ce qui est drôle, d'ailleurs, c'est que les livres de développement personnel que j'édite finissent par traiter aussi de la vie quotidienne et du life style *!*

Ce qui me fait avancer dans la vie

C'est de faire exister des livres qui vont aider à "rendre la vie plus douce". Et tout ça, ça évolue.

La qualité qui fait que ça marche, cet équilibre, c'est la détermination. J'étais déterminée à devenir éditrice ; déterminée à rééquilibrer le rapport entre ma vie de famille et mon travail, déterminée à ce que ça marche, dans cette maison d'édition. Je lâchais une vie que j'adorais, mais l'environnement me plaisait et j'étais décidée à ce que ce soit bien.

Un conseil

Celui que je donnerais, c'est de trouver, plutôt que suivre, son intuition. Trouver cette chose dont tu te dis « Ah, ça, il faut le faire » ; sans savoir pourquoi, mais tu dois le faire. Et une fois que cette voix a parlé, la suivre ! »

OBTENEZ ET CÉLÉBREZ DES PETITES VICTOIRES

« Le commencement est beaucoup plus que la moitié de l'objectif. »

Aristote

Lorsque l'on s'engage sur une nouvelle voie, une chose difficile (pour certains) est d'enclencher la pompe. Une autre chose difficile (pour d'autres) est de passer la seconde – de passer à la seconde phase. Pour d'autres, ce qui est difficile, c'est de garder le souffle dans la durée. Pour d'autres encore, c'est compliqué de terminer. Et pour les derniers, de « tirer les marrons du feu ».

On a tous nos préférences, en termes de phases d'un projet (et aussi, ça dépend du projet – par exemple en ce qui concerne l'administratif, je ne me sens à l'aise dans aucune de ces phases).

Chaque phase enclenchée, chaque étape dépassée, amène « logiquement » à la suivante. Le risque est de se placer dans une fuite en avant, une anxiété, une insatisfaction par rapport à soi-même car, toujours, il y a une nouvelle tâche à accomplir, une nouvelle marche à franchir, on n'a jamais fini. « Oh là là, j'ai déposé le nom de domaine de mon site, à présent je dois prendre des photos… écrire les textes… et tout, et tout, et tout. »

Oui, en se couchant le soir, il y aura toujours des choses que nous n'aurons pas terminées. Oui, c'est tentant de concentrer notre attention sur toutes ces tâches non effectuées. Et dans ce cas, on aura beau avoir trimé comme un dingue, on ne se créditera de rien.

VIVRE AVEC SON IKIGAÏ, C'EST AVANT TOUT SE SENTIR À SA PLACE, BIEN DANS SON ÉLÉMENT, UTILE, COMPÉTENT. C'EST, QUAND ON TRAVAILLE, SE DIRE : « JE SUIS LÀ OÙ JE DOIS ÊTRE. »

Être son premier supporter

L'une des manières d'avancer malgré nos peurs est, on en a déjà parlé, de fractionner les tâches ou projets importants en étapes. Une étape devient un petit projet en soi… et l'atteinte de l'objectif de cette étape peut, doit être célébrée avant de passer à l'étape suivante.

Il y a aussi tout un tas de petites actions rapides (les mini-trucs fastidieux qui prennent 5 minutes à faire mais qui doivent être faits pour nous libérer l'esprit et/ou nous éviter des ennuis pour la suite, genre payer une contravention, renvoyer un papelard, imprimer/relire/signer/envoyer/un contrat, réserver un billet de train…) qu'il est sage d'accomplir dans les temps si nous ne voulons pas payer le prix fort, au sens propre comme au figuré. Ces « petites tâches » peuvent être regroupées ; ces petites tâches peuvent aussi être accomplies dans les moments de moindre énergie, parce qu'en réalité elles ne demandent pas une concentration ni une créativité maximum. Ces petites tâches peuvent aussi apporter des satisfactions, celle de se dire « Bon ça, c'est fait, hop ». Et nous donner du courage pour passer à la suite, à des actions plus importantes et chargées d'enjeux.

Mais pour que le fruit de l'action soit pleinement engrangé, il importe de s'arrêter quelques instants et de savourer le travail accompli. De se féliciter et de s'encourager soi-même. Nous avons besoin d'encouragements ! Et la première personne qui peut nous encourager, c'est nous-mêmes. Les manières pour s'encourager et célébrer ses victoires, petites et grandes, sont innombrables :

· Après une tâche accomplie, se lever du bureau et se féliciter : « Bien joué ! ».

· Appeler un ami, une amie pour prendre de ses nouvelles.

· Aller se faire un thé, un café.

· Mettre une musique qu'on aime et danser.

· S'autoriser une microsieste.

· Prendre la fin de l'après-midi pour faire quelque chose de plaisant.

· S'offrir cette petite trousse, ce livre qui nous faisait de l'œil et que nous gardions pour une occasion spéciale – la voilà, l'occasion spéciale !

Et vous cher lecteur, comment aimez-vous vous récompenser ?

Pour clôturer ce chapitre en beauté, je vous propose d'aller dans votre cahier et de nommer cinq petites victoires récentes. Comment pourriez-vous les célébrer ?

Cher lecteur, écrire cette liste et célébrer ses victoires peut vous faire du BIEN !

N'ARRÊTEZ PAS LA DANSE (LE TRÉPIED)

À 18 ans, je suis tombée amoureuse d'Albert. Par chance, lui était aussi amoureux de moi. Albert avait eu plusieurs amoureuses dans sa première adolescence, dont la dernière semblait s'être « abîmée » en lui. « Tu comprends, me disait-il, quand je partais avec mon pote Marco faire des virées photo, elle s'ennuyait… Elle a arrêté la danse quand nous avons commencé à sortir ensemble, et moi je n'ai pas arrêté la photo… »

Albert et moi, soucieux de rester amoureux, soucieux d'un équilibre dans nos vies, et moi soucieuse de ne pas, « comme les femmes précédentes de Barbe-Bleue », m'abîmer en lui, Albert et moi nous sommes promis de ne jamais arrêter la danse, quelle que soit cette danse. Nous disions « jamais » car nous croyions fermement que notre amour durerait « toujours ».

En fait, cela n'a pas duré avec Albert. D'un côté, j'en ai eu assez de notre boucle relationnelle, de sa jalousie, d'avoir l'impression de connaître ce qu'il serait dans vingt ans. De l'autre, je suis tombée amoureuse d'un autre garçon. Plus possible de me l'enlever de la tête. Rupture avec Albert, amour qui se concrétise avec l'autre jeune homme, et voilà, quelques tribulations et six années plus tard, cet autre jeune homme et moi nous sommes mariés. Nous avons eu un premier enfant, et là... J'ai arrêté la danse (qui n'était pas de la danse, mais plus largement toute activité n'incluant pas mon travail ou notre famille).

Comment en étais-je arrivée là ?

D'un côté, il y avait la culpabilité de ne pas passer assez de temps avec notre fille ; de l'autre, il y avait l'injonction venue de je ne sais où, de passer tout mon temps libre en famille (comme si mon travail leur « volait » déjà suffisamment de temps) ; et enfin, la culpabilité de dépenser du temps et de l'argent à faire quelque chose qui me fait plaisir alors que je n'avais pas encore *réussi* professionnellement (mon métier me plaisait, mais pas complètement ; je gagnais un peu ma vie, mais pas complètement).

Il m'a fallu huit ans, la naissance d'un deuxième enfant, une crise de couple gratinée et la rencontre avec un livre extraordinaire, *Libérer sa créativité*, de Julia Cameron, pour comprendre que je m'ennuyais à mourir et que j'avais un besoin URGENT de retourner à la danse ; et même, d'essayer tous les types de danses. (C'est curieux que je continue à utiliser cette métaphore de la danse, alors que ça fait des années que je me dis que je prendrais bien des cours de danse, de zumba et de danse contemporaine et de kinomichi si vous voulez tout savoir, au moins essayer, et je ne le fais pas.)

Libérer sa créativité

Lorsque j'ai lu *Libérer sa créativité*, et appliqué les conseils du livre, j'ai compris que l'écriture était certes ma vocation, et que j'aimais profondément ma famille, mais qu'il manquait une troisième patte à ma vie. Une vie sur deux jambes, ça ne suffisait pas.

AIMER, TRAVAILLER… ET LE FUN ? ET L'EXPLORATION ? ET APPRENDRE, APPRENDRE PAS POUR QUE CELA SERVE À QUELQUE CHOSE, MAIS POUR LA JOIE D'APPRENDRE ? ALORS JE ME SUIS REMISE À EXPLORER. LE CLOWN. LA GUITARE. LE DESSIN. PARIS, EN LONG EN LARGE ET EN CARRÉ.

Ces expériences m'ont d'abord détournée de l'écriture et de ma famille, un peu. Puis elles m'y ont ramenée. Plus vivante, plus vibrante, avec des idées nouvelles, de la joie, une efficacité renouvelée. Mon écriture est nourrie de cette joie et de ces expériences – notre art, c'est d'abord notre vie !

Voilà. J'ai compris, recompris, le sens du « N'arrêtons pas la danse de nos 18 ans ». J'espère ne plus jamais oublier cette leçon… C'est d'ailleurs pour cela que je vous la transmets, pour être bien sûre de ne pas l'oublier !

Pris dans nos « tunnels » vocationnels, d'amour et de travail, nous avons besoin de cette légèreté, de cette gratuité, de ce fun, de cet apprentissage qu'apporte une activité « gratuite ». Toutes ces activités qu'avec un léger dédain nous désignons sous le vocable « nos hobbies ».

Parfois, lorsque l'écriture me déserte, je me sens reconnaissante de pouvoir m'appuyer sur le dessin, ou de gratouiller ma guitare, ou de broder une petite fleur sur un sac, pour exprimer ce que souhaite dire mon âme et me reposer en le faisant.

Ne négligeons pas, ne négligez pas, cher ikigaïchercheur, ce troisième pied de votre vie. Bien sûr que l'on est occupé à réussir sa carrière et sa famille. Et sans fun, sans légèreté, sans passion dérivative, l'obsession nous guette, la tristesse aussi. Et qui sait de quelle manière vos hobbies peuvent venir irriguer vos deux vocations – mais plus important, votre sève vitale.

ELLE A TROUVÉ SON IKIGAÏ

Anne Gaquière, 43 ans, professeur des écoles à mi-temps – cette année, elle enseigne dans une classe de CE1 dans une école d'enseignement catholique, à Malakoff bien sûr.

J'ai connu Anne par l'intermédiaire de ma fille cadette – c'était sa prof de cathé en CM1, elle ne l'avait qu'une heure par semaine mais ma fille revenait de cette heure-là heureuse et « éclairée ». Par ailleurs, j'ai assisté cette année-là au spectacle de fin d'année de toute l'école, mais celui de la classe d'Anne, je l'ai trouvé drôle, génial, impertinent. Bref, lorsque j'ai pensé un moment devenir moi aussi professeur des écoles, c'est vers Anne que je me suis naturellement tournée : je lui ai demandé si je pouvais faire un stage d'observation dans sa classe, et elle a accepté. Cette semaine à l'école m'a permis de comprendre que pour l'instant, ce métier n'était pas fait pour moi – mais aussi d'être convaincue du fait qu'Anne avait trouvé sa voie !

« Être professeur des écoles, pour moi, c'est une reconversion. Je me suis reconvertie pour mes 38 ans. J'ai fait des études de droit et je travaillais pour le conseil de l'ordre des notaires. Je suis mariée à Laurent, nous avons quatre enfants, et à l'occasion de la naissance de Jean, notre troisième, j'avais demandé un congé parental. Je devais revenir quelques mois plus tard et puis, je suis tombée enceinte de Clotilde. Jean avait 3 mois. La grossesse s'annonçait compliquée, je devais rester couchée (pratique avec un bébé de 3 mois !) et j'ai annoncé à mes employeurs que j'allais prolonger mon congé parental…

Le déclic

Je rédigeais des articles de vulgarisation de droit pour le grand public. J'aimais bien ça, je gagnais correctement ma vie, mais dix-huit mois avant la date butoir de la reprise, j'ai commencé à avoir la boule au ventre rien que de penser que je devrais y retourner. Et c'est à ce moment-là que j'ai rencontré, à une soirée, une fille de Malakoff. On a parlé de nos situations respectives et elle m'a raconté : "J'étais comme toi, et je me suis reconvertie. À présent je suis instit, j'adore. Pourquoi tu ne passerais pas le concours ?" Je lui ai répondu "Non non", et le lendemain... je me suis inscrite. Je n'avais pas trop le temps de réfléchir car les inscriptions s'arrêtaient le lendemain ! Mon mari, que j'ai quand même consulté, m'a dit sans conviction "Oui oui, si ça te fait plaisir"... Nous étions en juin, le concours avait lieu trois mois plus tard, bref j'ai bachoté tout l'été. Ça faisait trois ans que je ne bossais plus et j'étais ravie de m'y remettre.

Je me suis prise au jeu de passer un examen. On passait les écrits en septembre et si on était admissible, l'oral avait lieu en juin de l'année d'après. Je n'avais dit à personne que je passais le concours, je me rendais à chaque épreuve en pleurant, c'était le stress, je me disais : "Si j'échoue, je retourne chez les notaires." Et manifestement, je n'avais vraiment pas envie d'y retourner ! Heureusement j'avais deux copines qui me coachaient, l'instit et une autre amie, elles me disaient : "Vas-y, va jusqu'au bout." Surprise, j'ai été admissible aux écrits, bon ben maintenant il fallait que je prépare les oraux pour le mois de juin – sans avoir remis les pieds dans une école depuis ma scolarité, hormis comme parent d'élève. Notre quatrième enfant, Clotilde, était avec moi toute la journée. Je suis allée voir à l'école Notre-Dame pour leur demander si je pouvais venir observer de temps en temps le fonctionnement de l'école. Dès que je pouvais caser Clotilde une journée à la garderie, j'allais observer. Ainsi j'ai pu prendre la température et vérifier que l'ambiance me plaisait. Je me suis prise au jeu, "Tiens ce n'est pas du tout comme je l'imaginais", mais j'avais aussi des craintes. Je disais à l'ins-

tit : "Je n'ai pas autant d'idées que toi !", et elle m'a rassurée : "Ne t'inquiète pas, ça vient". Et elle avait raison, c'est venu !

Une force me poussait à continuer

Cette année de ma préparation des oraux, Laurent a enchaîné trois septicémies et notre petit garçon a dû être opéré des amygdales. Autour de moi, tout le monde m'a dit "Laisse tomber", mais je n'ai pas lâché. J'ai géré Laurent à l'hôpital, Jean avec ses opérations – une force me poussait à continuer.

Ce que j'aime dans ce métier, c'est l'univers des enfants, le rapport avec eux. J'aime leur transmettre des notions et les voir grandir, s'éveiller, j'aime cette joie qu'ils ont parfois quand ils ont compris quelque chose. J'aime aussi le rapport aux parents, même s'il peut être compliqué.

C'est plus facile le rapport aux élèves qu'à ses propres enfants. Il n'y a pas moins d'affect ni moins d'enjeux, mais l'affect et les enjeux sont différents. Je suis beaucoup plus patiente avec mes élèves qu'avec mes enfants ! Et puis, mon rôle s'arrête au bout d'un an. La "magie" avec eux, ça tient aussi au fait que ça ne dure qu'un an.

Volonté et adaptabilité

Pour réussir cette reconversion, j'ai dû faire preuve de volonté et d'adaptabilité. J'ai été aussi pas mal stimulée par l'adversité ! Je m'étais dit, quatre ans de congé parental, c'est cool, maintenant j'ai envie de passer à autre chose. Je sentais qu'il fallait que j'aille jusqu'au bout de ce concours – j'ai écouté malgré moi cette force qui me poussait.

Et aujourd'hui, je crois en ce que je fais et j'aime ce que je fais. Même si un enfant ne retient qu'un seul truc, c'est déjà ça de pris ! Ces années où ils sont petits, ils sont très poreux.

Alors bien sûr, au niveau économique, je gagne moins bien ma vie qu'avant – alors qu'on a plus d'enfants. Laurent a progressé dans sa carrière, évidemment il bosse beaucoup. Mais la baisse de revenu n'a pas été un choc, on s'est adaptés en douceur. On a de la chance de bien vivre quand même. Le jour où ça ira moins bien, je peux reprendre l'enseignement à plein temps et on peut encore virer des choses superflues. Je fais attention, sans m'obséder. Aujourd'hui ça va bien et j'en profite. Ce qui est plus dur pour moi, c'est la non-reconnaissance sociale du métier d'instit – avec ça, j'ai eu vraiment du mal au début, et encore maintenant, j'annonce encore très souvent "C'est une reconversion !"

Revenir à soi

Je ne médite pas – mais je prends chaque matin ¼ d'heure d'oraison personnelle. Le soir, ce ne serait pas possible, je suis tellement à 200 % dans la journée que je m'endors au bout de deux minutes.

Le reste de mon équilibre, je le trouve avec une heure de sport chaque semaine. Je nage, ou je fais de l'aquabike ! Et puis, Laurent et moi nous sommes bien entourés ; avec des degrés d'intimité plus ou moins proches, mais je ressens beaucoup de sympathie autour de moi, et ça me porte. D'ici deux semaines, nous allons commencer une formation au diocèse, "Bâtir sur le roc". Bref, notre vie va continuer à être bien remplie...

Être attentif aux signes

Je ne sais pas si j'ai beaucoup de conseils à donner... mais si j'en avais un, ce serait d'être attentif aux signes, et de les écouter. Les signes et les rencontres. Tous les grands changements, les décisions radicales que j'ai prises, sont passés par une rencontre fortuite. Voilà, je dirais "Écoute ce qui passe en toi et autour de toi. Les décisions se prennent malgré toi !" »

IMAGINEZ (ET CONSTRUISEZ) VOTRE « BODY OF WORK »

Je ne sais pas si vous avez dans votre entourage des personnes qui travaillent dans le bâtiment ou les travaux publics. J'en connais un certain nombre et tous ont la même particularité : dès que l'on passe près d'un pont, d'un parking, d'un musée, d'un hôpital, d'un immeuble, d'un château d'eau, qu'ils ont contribué à concevoir, à construire, à chiffrer, à réparer, ils disent : « Tiens, c'est mon pont. » Et nous voilà sur le pont de Gilles, dans l'hôpital de Peter, devant le château d'eau d'Hugues. Ils sont des dizaines, parfois des centaines à avoir travaillé à l'ouvrage, mais chacune de ces cent personnes a le sentiment que l'ouvrage est le sien.

À l'inverse, je me souviens d'une course en taxi où j'avais discuté avec le chauffeur, un immigré russe qui auparavant travaillait dans la construction et n'avait pas pu ou pas voulu rebosser dans le même domaine en France ; il me confiait à quel point ça lui manquait de ne plus contribuer à la construction de quelque chose qui perdure.

Une page après l'autre

Pendant seize ans, j'ai aidé mes clients à écrire leurs biographies et livres de management. Au bout de six ans, j'ai fait une fête pour remercier les amis qui me soutenaient dans mon travail et s'y intéressaient, et mes clients bien sûr. J'avais disposé sur une table tous les livres auxquels j'avais collaboré – la table était remplie. Plusieurs personnes sont venues me voir et m'ont dit, « Wahou, je ne savais pas que tu avais aidé autant de livres à émerger. » À vrai dire, moi non plus je ne me rendais pas compte que ça faisait autant ! Mais une page après une page après l'autre, un client après un client après l'autre (et avec certains clients, nous avons travaillé à plusieurs livres), au bout de six ans, ça remplissait une table.

Lorsque ma famille et moi avons déménagé il y a trois ans, passant d'un appartement à une maison, j'ai jeté une partie de tous les livres auxquels j'avais collaboré et qui n'étaient pas les miens, et dont je possédais plusieurs exemplaires. J'ai jeté aussi une partie des cahiers que je noircis chaque jour, notes de travail, agendas, carnets, journaux intimes. Tous ces livres et cahiers occupaient une place de dingue et surtout, ils prenaient de la place à ma vision d'ikigaï.

Je désirais faire de la place pour tous les livres que j'allais écrire seule ou avec des partenaires ou amis sur les sujets que je portais en moi, portés avec ma/notre voix (en réalité, on n'écrit jamais un livre tout seul). Ces livres, je les imaginais traduits en vingt-cinq langues ! Pour qu'ils puissent un jour avoir la chance d'exister, j'ai décidé de leur faire de la place. Place qui depuis a été occupée par 1 000 autres boîtes, projets, livres achetés...

Concrétiser ses intuitions

Et néanmoins, depuis ce déménagement, de nouveaux livres émanant de ma voix ont été publiés, d'autres sont en projet, et qui sait, peut-être seront-ils un jour traduits ! Je les offre, vends, dédicace toujours avec plaisir, à des lecteurs qui me les réclament pour eux et pour leurs proches. Une phrase à la fois, ces livres, c'est bien moi qui les ai écrits. Le sujet de chacun avait du sens pour moi, correspondait à une réalité qui avait illuminé ma vie et que je désirais partager avec un plus grand nombre. Pour tous, j'ai été payée. Joie de voir mes intuitions se matérialiser et rayonner en dehors de moi.

Cher lecteur. Imaginez la fierté. Imaginez votre travail d'une vie. Imaginez votre parcours, et ce qui à vos yeux le matérialise. Demandez-vous la trace qui pour vous a du sens – ce que vous aimeriez laisser derrière vous. Demandez-vous aussi comment vous aimeriez vous sentir, lorsque vous tiendrez dans vos mains ou que vous contemplerez par la pensée le résultat de trois mois, un an, dix ans, une vie de travail accompli dans la voie qui est la vôtre.

ESSAYEZ L'AUTOLOUANGE… ET REGARDEZ OÙ ÇA VOUS MÈNE

Mange-moi… Bois-moi… C'est compliqué de se voir à sa juste taille, et de se percevoir à la juste mesure de son potentiel. Très souvent nous échouons à nous voir aussi grand que nous pouvons l'être, et nous nous enfermons dans les limites de nos blessures et de la perception étriquée que nous avons de nous-même.

L'autolouange peut nous aider à guérir de cette tendance en retrouvant le sens d'une légende personnelle.

Qu'est-ce que l'autolouange ?

C'est une pratique venue d'Afrique sous le nom de *kasala*, qui consiste à prendre des traits de son histoire personnelle et de les amplifier de manière positive, puis de les partager avec d'autres. Cette pratique a été rapportée en Belgique et en France par la mathématicienne, pédagogue et coach Marie Milis. Elle propose d'écrire son autolouange, puis de la lire à haute voix devant d'autres.

DIRE JE. DIRE VRAI. AMPLIFIER • RETROUVER LE SENS DE NOTRE LÉGENDE PERSONNELLE • S'APPUYER SUR SES ANCÊTRES, SUR SES HOMONYMIES • GUÉRIR SES BLESSURES • SE LIBÉRER DES CHAÎNES QUI NOUS RETIENNENT

Tout cela par la magie de l'écriture, et du partage ? Oui.

Un faisceau de traumatismes

Il y a par exemple des mauvais souvenirs auxquels nous attachons une importance démesurée, et qui cristallisent autour d'une seule expérience tout un faisceau de traumatismes... Ainsi, nous ne voulons plus parler avec telle personne, ou nous rendre dans tel lieu parce que nous y avons un très mauvais souvenir. Une seule fois ! Je porte dans ma tête une série de lieux, depuis ma toute petite enfance, où ce qui s'est passé m'a tellement traumatisée que je ne veux plus entendre parler de ces lieux ni y remettre les pieds. Avoriaz dans les Alpes, Maussane en Provence, Parati au Brésil, Saint-Cast en Bretagne, voilà quelques-uns des lieux « maudits », car j'y ai passé de très mauvais moments, associés pour moi à ces endroits. Tous ces souvenirs étaient liés à des blessures d'amour ; plutôt que d'en vouloir à l'amoureux en question, mon esprit a choisi de condamner l'endroit.

J'ai décidé, pour voir, d'écrire cet été mon autolouange dans ces lieux ; par la magie du papier, du stylo et de ma main, j'ai effectué ce que je refusais jusqu'à présent de faire, c'est-à-dire de revenir dans ces souvenirs, pour certains vieux de quarante ans, et d'écrire l'autolouange du moi d'alors dans ces lieux.

Belle surprise n° 1

Le moment d'écriture n'a pas été douloureux du tout, plutôt exaltant et agréable, j'ai ressenti comme un baume sur ces vieilles blessures qui n'avaient pas été cicatrisées.

Belle surprise n° 2

Quelques jours plus tard nous devions choisir un itinéraire pour rentrer de vacances par la voie buissonnière, et nous avons choisi Arles, juste à côté de Maussane, l'un des lieux de mauvais souvenir où je m'étais sentie assommée de chaleur et mal aimée par mon mari. Nous avions prévu de résider dans Arles, mais l'hôtel que nous avons trouvé finalement était dans la ville juste à côté de Maussane. « Bon, on réserve », ai-je décidé du bout des lèvres.

Ce petit séjour, deux jours, s'est révélé délicieux. L'hôtel était chaleureux et parfait pour notre famille. Nous avons visité Arles de nouveau, et le soir la chaleur était tombée, par le biais de super bons restaurants et de remuantes expos photos.

Belle surprise n° 3

Nous sommes passés à côté de l'hôtel que j'avais détesté il y a neuf ans et d'un petit canal où j'étais tombée, et mon mari et moi avons pu en reparler, moi exprimer (enfin !) ma tristesse et ma colère de ce séjour si douloureux. Nul tremblement de terre n'en a suivi, mais plutôt un immense soulagement d'enfin pouvoir dire ce mauvais souvenir – et être entendue.

Carabosse dégoupillée.

Voilà l'une des choses que permet l'autolouange : sortir de limites auto-infligées, dégoupiller les mauvais sorts et nous relier à notre part royale. Toutes choses vraiment utiles lorsqu'on recherche son ikigaï...

Créer son épopée

Une autre proposition d'autolouange consiste à s'inventer une épopée à partir de noms auxquels nous sommes reliés. Nos homonymes, nos ancêtres, un personnage célèbre né dans la ville où nous habitons... Pour ma part, je me prénomme Christie et ai une grande admiration pour Agatha Christie. J'ai aussi eu un grand-père, Mon Cher, qui, à côté de tous ses défauts, voyait grand. Avec sa femme, ma grand-mère, ils ont eu huit enfants, il a voyagé dans le monde entier, a créé le domaine merveilleux à Belle-Île où j'ai passé tant d'étés de mon enfance et ma jeunesse... Écrire mon autolouange reliée à ces deux personnages que j'admire, renforçant ma part d'écrivaine prolifique (que je suis, même si ce que j'écris n'est pas du même tenant que ce qu'écrit Agatha Christie) et donnant la part belle à mon côté démiurge (que je suis, ayant voyagé le plus que j'ai pu et créant ou co-créant moi aussi des mondes avec mes photos, mes textes, mes dessins, mes maisons). Cet exercice, ce jeu plutôt, m'a révélé des ressources et une puissance, et des forces en moi et reliées à d'autres que je sens proches, dont je n'avais jamais pris conscience... En écrivant à propos de ces « ancêtres » et de ces qualités, je me les suis réappropriées, et suis heureuse aujourd'hui de me sentir démiurge et prolifique, et reliée très solidement à la partie féconde de Mon Cher et d'Agatha Christie.

Ce qui est merveilleux aussi, c'est qu'avant d'écrire l'autolouange (comme tout texte d'ailleurs, en ce qui me concerne), on ignore complètement où il va nous mener... Que c'est joyeux de se laisser surprendre !

Mon cher lecteur, essayez ceci, si le cœur vous en dit :

• Par écrit, dégoupillez un mauvais souvenir en vous donnant le beau rôle ou en accentuant votre tristesse,

votre colère. Rappelez-vous les consignes : vous partez d'un souvenir vrai, vous dites « je » et vous accentuez l'histoire, en vous donnant le beau rôle.

• L'autre proposition est de partir de l'une ou plusieurs de vos ascendances, réelles ou « ressenties », et d'explorer vos liens de parenté, vos points communs… Toujours en regardant et amplifiant la part belle de vous.

Et à ceux que cet art intrigue ou appelle, je conseille vivement la lecture et surtout la pratique de l'ouvrage de Marie Milis, **Exercices pratiques d'autolouange** *!*

ELLE A TROUVÉ SON IKIGAÏ

Françoise Buisson Kessler, dite Kessou – la potière d'Apt

J'apprécie encore plus Kessou que les merveilleux plats et bols qu'elle imagine et fabrique – et c'est énorme, croyez-moi car dans la famille de mon mari, à chaque mariage, et même parfois « pour rien », on s'offre des plats colorés et raffinés conçus, tournés cuits et mis en couleur par Kessou (et à présent, Kessou and family puisque son homme Didier et leur fils cadet Pierre sont venus la rejoindre et donner de l'ampleur à « l'affaire » – l'atelier Buisson-Kessler). Kessou a été la première amie de la famille à m'accueillir en 1999, lorsque Nicolas et moi nous sommes fiancés... Je me souviendrai toute ma vie de ces petites vacances avec elle à la Croix-Valmer.

« J'ai 67 ans. Je suis potière, artisan, c'est-à-dire que je mets en œuvre un savoir-faire acquis au cours des années. Je me mets au boulot chaque matin, enfin, quatre jours par semaine je travaille de 8 à 18 heures, sans pause. Cela fait tout de même quarante heures par semaine. Je n'ai jamais travaillé le mercredi, c'est un jour que je garde en souvenir du temps où je m'occupais des enfants.

La couleur est mon moteur principal ; et puis, j'aime tourner. Il faut être très centrée pour tourner. Une chose que j'aime, dans mon métier, c'est qu'il allie tout : d'abord, c'est un geste très physique ; ensuite, il y a une partie de création – je m'inspire de beaucoup de domaines, de textiles, de peintres (je ne copie jamais d'autres potiers). Il y a un travail intellectuel, tu es obligé de concevoir tes collections, tes modèles. J'aime aussi le fait que ce soit un métier solitaire. J'ai besoin d'être seule et concentrée pour travailler.

Le but de mon travail, c'est de vendre. Je ne ferais jamais ça si je ne vendais pas.

Depuis dix ans, mon fils Pierre est devenu notre boss, à Didier et à moi. Il s'occupe de la production, de la vente, et moi, je conçois, je fabrique aussi, je peins. Je suis contente de ne plus être obligée de vendre. De choisir les gens que j'ai envie de voir.

Dans ma vie, c'était plus important que tout, de réussir ma famille. Je suis mariée avec Didier depuis trente-six ans et nous avons deux fils merveilleux Pierre et Honoré qui est sculpteur. Nos fils n'ont pas d'enfants ; je ne suis pas grand-mère, mais je n'ai pas de désir pour mes enfants. Ma vie est très remplie.

Mon métier, je l'ai trouvé par hasard

On ne m'a pas offert d'études, mes parents m'ont virée de la maison à 18 ans, j'ai raté mon bac et je devais me débrouiller. Je suis partie en Angleterre et là pour vivre, j'ai fait des sales petits boulots, j'ai travaillé dans des serres, dans des hôpitaux, j'ai lavé les morts, mais je n'avais pas tellement d'états d'âme parce que je me disais : "Il y a un truc pour moi, je saurai le reconnaître." J'avais une confiance totale dans le fait que j'allais trouver ma voie. J'ai rencontré un potier par hasard, je l'ai vu tourner, je suis tombée amoureuse de lui, on a eu une histoire, et puis j'ai lâché le mec mais je n'ai jamais lâché la poterie !

J'ai arrêté quelques années, le temps de faire nos deux fils, et quand ils sont entrés à l'école, je me suis dit "Femme au foyer ce n'est pas mon truc, qu'est-ce que je sais faire ?" Bon, je me suis remise à la poterie et ça a marché tout de suite.

Le regard que tu poses sur ta vie la détermine

La qualité principale que j'ai mise en œuvre pour trouver cette voie, c'est l'accueil. J'ai été capable de regarder ce qui se passe autour de moi, sans jugement, et de me dire : "Peut-être que ça, c'est bien pour moi." Et cette attitude, je l'ai toujours. Je suis très curieuse, je regarde beaucoup les choses.

J'ai fini par être élève aux beaux-arts de Londres, et j'ai été très surprise, car on ne m'y a pas appris tellement de techniques, sinon à regarder. Pour pouvoir dessiner quelque chose, le plus important ce n'est pas le trait. Ce qui compte, c'est le regard que tu poses sur le paysage, la personne ou l'objet dessiné qui détermine ton dessin. Je pense aussi, d'ailleurs, que c'est le regard que tu poses sur elle qui détermine ta vie.

Et paradoxalement, le fait que mes parents m'aient lâchée, que je sois seule, à Londres, seule et libre, ça m'a aidée à choisir ma voie sans préjugés ni le poids des avis et injonctions des uns et des autres, de la société.

Savoir accueillir ce qui vient

À ceux qui cherchent encore leur ikigaï, je dirais : "Lâchez l'affaire." Arrêtez de chercher. Plus tu es tendu, moins tu trouves... Remets-toi en toi-même, calme-toi, arrête d'écouter le monde. Va à la rencontre des gens mais pas pour cette raison, juste pour le plaisir du contact, d'expérimenter. Laisse arriver. Ne te braque pas. N'hésite pas à faire autre chose et à rencontrer le monde dans une autre dimension. Sois dans l'accueil et dans le regard, sans jugement. Et puis, aie confiance dans le fait que tu vas trouver quelque chose pour toi.

Ce qui est amusant, c'est qu'au bout de vingt ans, ma petite affaire est devenue une entreprise familiale. La poterie c'était mon histoire, et puis Didier a dû lâcher sa boîte pour des raisons de santé et il m'a rejointe à la poterie, pour fabriquer, pour vendre. Et ensuite, Pierre a foiré ses études et il a insisté pour travailler avec nous. Vraiment, je voulais travailler seule et pendant des années, j'ai résisté, surtout avec Pierre, je lui disais "Fais ton truc !" Mais il a tenu bon. On peut dire que les choses se sont faites contre moi ! Je voulais travailler seule et je les ai accueillis. Et je reçois au centuple. Aujourd'hui, ça me rend super heureuse de travailler avec eux. Et ça m'a appris tellement de choses, la joie, ils m'émerveillent, ils bossent plus que moi, environ soixante-dix heures par semaine ! Tout le monde nous dit qu'ils ressentent une ambiance incroyable entre nous.

Pierre et Didier, lorsqu'ils fabriquent, travaillent dans le même atelier, et moi, je travaille seule car je suis bavarde.

Pierre a apporté des idées, de l'ambition, des façons de faire nouvelles dans notre petite entreprise. Aujourd'hui, nous faisons vivre six familles et c'est sa grande fierté. »

DRESS FOR SUCCESS

« L'habit ne fait pas le moine, mais il y contribue. »

Quelle trace voulez-vous laisser après que vous ayez quitté la salle ?

Cher lecteur, la plupart de ceux qui ont trouvé leur ikigaï travaillent d'arrache-pied – et ce n'est pas SI douloureux pour eux car ils adorent leur métier. Ceci établi, reste la question de l'emballage – le marketing de soi. Comment vous habilleriez-vous *si* vous aviez trouvé votre ikigaï ?

J'aime cette histoire de mon amie Jeanne, qui, envoyée en pension pendant un trimestre en Irlande, se trouvait dans les premiers temps très déprimée, isolée. Ça a duré une semaine, jusqu'au matin où sa mère, appelée à la rescousse au téléphone, lui a donné le conseil suivant : « Si tu n'es pas heureuse, fais semblant. » Jeanne s'est mise à sourire davantage, au début à contrecœur et puis le sourire a modifié son état d'esprit et a attiré vers elle des personnes de sa nouvelle classe. Finalement, elle a passé dans son collège irlandais un trimestre gai et fondateur et en a retiré une devise qu'elle m'a transmise : *Fake it till you make it* (c'est à peu près la traduction du conseil que lui a donné sa mère).

NOS HABITS, NOTRE ATTITUDE ET, PLUS GÉNÉRALEMENT, L'IMPRESSION QUE L'ON LAISSE DERRIÈRE SOI, SONT DES ATOUTS POUR ATTIRER LES PERSONNES ET LES SITUATIONS CLÉ DANS NOTRE IKIGAÏ.

Oui, gronde souvent en nous la sirène de l'imposture, « Pour qui te prends-tu ? » ; et aussi le désir de passer inaperçu, de ne pas faire de vagues – ou au contraire, d'être absolument fidèle à soi-même. Entre ces deux extrêmes, il y a la question « comment s'habille, selon mes critères, ce que j'ai observé, et mon imaginaire, une personne qui réussit dans le domaine dans lequel je veux réussir ? »

Lorsqu'on s'habille comme si on était déjà celui ou celle que l'on veut devenir, on projette d'abord à ses propres yeux et ensuite aux yeux de notre entourage, l'image que l'on est crédible dans la peau de celui que l'on se propose de devenir. (Ma belle-mère m'a offert il y a quinze ans une longue jupe grise en tulle que j'adore, à la fois élégante et confortable, que j'ai tout de suite appelée « ma jupe d'écrivain ». Je l'ai portée à de nombreux rendez-vous avec des éditeurs et des clients... J'avais même prévu de la mettre non-stop du premier jour d'écriture de ce livre au dernier jour, et puis j'ai calé ! Mais je la porte aujourd'hui.)

Bon mais alors, comment je m'habille ?

Certains, comme Martine Camillieri lorsqu'elle travaillait en agence de pub, ont réglé le problème en trouvant un uniforme dans lequel ils se sentaient à l'aise. Martine avait trouvé un pantalon noir et une chemise blanche bien coupés, uniforme immuable qu'elle revêtait pour que l'on écoute ses idées et pas qu'on admire sa personne, uniforme qu'elle accessoirisait avec des chaussures ou des bijoux rigolos. D'autres prendront plaisir à se réinventer chaque jour – pour ma part cela dépend des époques, il y a des mois où j'adore innover chaque jour pour ma tenue, mais la plupart du temps, et encore plus quand j'ai beaucoup de travail, j'aime moi aussi l'idée d'un uniforme pensé une bonne fois, accessoirisé selon l'humeur du jour.

J'AIME CETTE IDÉE D'UNE TENUE SOBRE, BIEN COUPÉE, AVEC UN PETIT DÉTAIL À SOI QUI DÉTONNE ET DONNE À VOIR NOTRE HUMEUR DU JOUR ET NOTRE SINGULARITÉ. UN DÉTAIL QUI PRENNE PEU DE PLACE MAIS QUI SOIT LÀ, PRÉSENT.

Une fois que l'on a trouvé comment s'habiller pour aller avec son ikigaï (ou son futur ikigaï), on peut aller un peu plus loin et se demander : De quoi ai-je envie que mon interlocuteur se souvienne quand nous nous serons quittés ? Cela englobe votre pitch : Comment parler de soi et de ce que l'on fait en termes simples et accrocheurs ? Et peut-être aussi votre carte de visite, et un cadeau qui ne vous coûte rien ou pas grand-chose, que vous pourrez laisser en partant.

Cher lecteur, à vous de jouer !

Comment imaginez-vous votre tenue « idéale » pour vivre votre ikigaï ? Et plus globalement, quelle trace de vous désirez-vous laisser à vos interlocuteurs ?

Prenez le temps d'y penser. De le méditer. De tester des choses et de voir ce que ça donne. Prenez le temps d'apprivoiser « le vous qui travaille et qui réussit », avant même que ce soit déjà arrivé – mais oui.

IL A TROUVÉ SON IKIGAÏ

Philippe Leandri, président d'ICS Informatique, prestataire de services, intégrateur de solutions systèmes et réseaux

Philippe et moi, nous nous sommes rencontrés dans notre club de business BNI. Il est corse, il est tranquille, il est motard, il aime les chiens, il est à la fois enthousiaste et de bon conseil, et il parle de son métier avec chaleur.

« Mon rôle principal, c'est d'être un commercial. J'apporte des solutions à des clients et leur vends ces solutions au meilleur prix. Cela demande à la fois de l'écoute et de la persuasion.

Je suis content de faire ça : vendre et faire faire. Apporter des solutions et vérifier que le client est content. Travailler avec eux sur la durée, je ne fais pas du one shot *et j'aime grandir avec mes clients. Avec l'un de nos clients historique, nous travaillons ensemble depuis vingt-deux ans. Ils nous font confiance, et suivent généralement nos conseils.*

Nous avons des relations amicales, avec la plupart de nos clients aujourd'hui on se tutoie. J'aime cet aspect chaleureux et convivial, et fidèle dans les relations.

Pour bien servir nos clients, en face je mets les moyens : une équipe technique forte, structurée, dont tous les membres ont le sens du client et une certaine ancienneté.

Garantir un cadre et du respect

J'éprouve du plaisir à donner du travail à mes collaborateurs, et à leur garantir un cadre et du respect. Si un client ou un prospect nous manque de respect, à moi ou à l'un de mes collaborateurs, je tourne les talons. C'est assez rare, heureusement !

Pour créer et animer ICS, je suis associé avec mon ami d'enfance. C'est aussi un ancien collègue : quand la boîte dans laquelle nous travaillions tous les deux a fait faillite, nous avons décidé de nous associer – et ça fait vingt-cinq ans que ça dure ! Ensemble, nous éprouvons la joie de créer cet environnement et cette entreprise ; et la joie de voir la reconnaissance dans les yeux de nos clients.

La chose la plus importante dans ma vie

Ce n'est pas mon travail, mais ma famille. Je suis marié depuis vingt-huit ans à Véronique (qui travaille à Pôle Emploi côté entreprises), et ensemble nous avons trois filles, Mathilde (elle a 24 ans et est éducatrice spécialisée), Louise (qui a 18 ans et entre en hypokhâgne) et Agathe (qui a 13 ans et entre en quatrième). Oui, l'important c'est d'avoir un bon noyau familial et un projet de famille. Véronique a mis de côté sa progression de carrière pour me laisser, à moi, la latitude d'avoir des horaires élastiques ; et elle assure un salaire quoiqu'il arrive. Quand la société a eu des difficultés, elle a été d'accord pour que l'on remette de l'argent dans la société. Elle m'a toujours suivi et épaulé.

L'avantage d'être entrepreneur, c'est que je travaille à 5 minutes de la maison. Je rentre déjeuner si l'un des enfants est là, et j'emmène mes enfants à l'école.

J'aime cette liberté.

L'autre pilier de ma vie, c'est l'environnement moto – là encore, je ressens de la liberté et l'esprit motard de solidarité.

La qualité première, c'est l'écoute

Et puis, savoir décider. Et se relever… Par ailleurs, j'aime gagner et je n'ai pas peur du hard work.

Un rituel méditatif

J'arrive tôt, vers 7 h 30 le matin, quand les collaborateurs commencent plutôt à 9 heures Et le soir, je pars un peu plus tard que tout le monde. Quand je prends le volant pour aller rencontrer un client ou un prospect, je n'allume pas la radio et je réfléchis dans la voiture.

Un conseil

Ce que tu aimes, mène-le jusqu'au bout et prends en compte la réalité économique. Apprends quelque chose dans ce que tu aimes. Aie un métier attendu sur le marché. Sois capable de vivre avec l'argent que tu gagnes. »

FRIENDS ARE SLY / PART. 1 : S'ENTOURER DES BONNES PERSONNES

En bon français, *Friends are sly* veut dire « Les amis sont malins ». *They know better* – oh oui, parfois, ils savent mieux que nous, ils nous voient dans notre perspective, avec tout ce que nous avons déjà fait et tout ce qu'ils nous sentent capables d'accomplir. Les amis nous donnent des idées lorsque nous en manquons, nous prodiguent des encouragements quand nous en avons besoin, et nous aident à reprendre confiance quand nous nous sentons au fond du gouffre.

Lorsque nous sommes en proie au doute, à l'absence de clarté qui nous empêche d'avancer, lorsque nous ne voyons plus que l'échec ou l'inactivité récents, ceux qui nous connaissent bien ont en tête une fraction plus large de notre parcours. Quand nous ne voyons qu'un arbre calciné, à moitié mort, eux voient sinon toute la forêt, du moins une belle clairière autour de laquelle poussent de futurs chênes centenaires. Oui, les fameux chênes que nous avons plantés et qui commencent à être costauds. Quand nous ne sommes plus capables de percevoir nos qualités, ces amis-là sont ceux qui nous les rappellent et clament notre côté extraordinaire et réclament de voir le bon travail dont nous sommes capables.

Comment ce serait si nous exprimions notre génie ?

Tous les amis ne se valent pas quand il s'agit de regonfler nos forces et de nous orienter vers notre ikigaï. Certains amis donnent des conseils non sollicités. D'autres projettent sur nous leurs peurs et leurs blocages – et n'ont pas tellement envie de nous voir leur échapper. en nous épanouissant. Ces amis-là, en temps de recherche sérieuse d'ikigaï, fuyons-les comme la peste. Croyez-moi, nous sommes déjà suffisamment pétri de doutes, n'en ajoutons pas de nouveau et ne laissons pas une âme bien intentionnée appuyer dessus de toutes ses forces.

Les amis « utiles », précieux, sont ceux qui aimeraient savoir comment ce serait si nous exprimions le génie qu'ils ressentent en nous. Ils nous encouragent à faire le travail, voire nous bottent les fesses quand nous rechignons à nous y mettre. Ils écoutent nos doutes et nos peurs, sans en rajouter ni nous permettre de nous étendre démesurément.

LES AMIS PRÉCIEUX, D'UN POINT DE VUE IKIGAÏ ET DE TOUT AUTRE POINT DE VUE, ONT PEUT-ÊTRE DES DOUTES ET DE LA JALOUSIE, MAIS ILS SAVENT FAIRE LA PART DES CHOSES ET TENIR LEUR LANGUE. GLOBALEMENT, ILS VEULENT LE MEILLEUR POUR NOUS.

Un « ami » peut bien sûr être un parent, enfant, conjoint, professeur : l'idée ici est qu'il soit « ami » de votre être créateur, rayonnant, utile, et susceptible d'en tirer un revenu viable.

Cher lecteur, essayez ceci (cela peut être un exercice inconfortable la première fois)[1] :

• Prenez votre cahier et votre meilleur stylo. Sur une page, tracez un cercle. Il représente l'une des choses que vous avez de plus précieuse actuellement : par exemple, votre recherche d'ikigaï ou votre projet de cœur. Puis, discriminez (ce cahier est secret, je vous rappelle) : à l'intérieur du cercle, les personnes que vous croyez/sentez/savez susceptibles de vous aider d'une manière ou d'une autre dans votre recherche.

• À l'extérieur du cercle, écrivez les noms des « amis » qui non seulement ne vont pas vous aider, mais qui risquent de vous plomber.

Mon conseil : évitez la fréquentation des seconds pendant tout le temps de votre recherche d'ikigaï. Et si vous êtes obligé de les fréquenter ou n'arrivez pas à distendre les ponts, faites la part des choses. Soyez bien conscient que lorsqu'ils émettent leurs doutes, ils parlent d'eux-mêmes.

À l'inverse, renouez ou renforcez le lien avec des personnes que vous avez placées à l'intérieur du cercle. Passez-leur un coup de fil. Demandez de leurs nouvelles. Gardez vivant ce lien précieux – pour des raisons d'amitié et pour des raisons d'ikigaï.

---

1. Cet exercice est tiré de l'ouvrage *Libérer sa créativité*, de Julia Cameron.

FRIENDS ARE SLY / PART. 2 : WITH A LITTLE HELP OF MY FRIENDS

Oui, vos amis (les bons !) vous sont d'un soutien inestimable pendant le temps de recherche active de votre ikigaï.

Que demander à ses amis ? Mais tant de choses ! Du soutien affectif, de l'information, et la mobilisation de leurs compétences. Tout cela dans la limite des stocks disponibles, bien sûr – un ami n'est pas corvéable à merci et le principe de réciprocité s'impose. Mais à vos amis, vous pouvez et devez demander beaucoup : d'abord parce que si ce sont vos amis, ils sont généreux. Ensuite parce qu'ils croient en vous et désirent vous aider, et le peuvent. Enfin, parce que ce que vous allez leur demander, vous le feriez pour eux ou pour d'autres s'ils en avaient besoin et que vous étiez en mesure de les aider. (Vous avez remarqué, on aide rarement les personnes qui ont fait quelque chose d'important pour nous de la même manière qu'ils nous ont aidés ; mais on en aide d'autres au moment où ils en ont besoin. C'est la grande chaîne de la réciprocité !)

Bref, nos amis sont *aussi* là pour nous aider ; et le plus souvent, un geste qui aura un impact important sur notre vie leur coûtera peu. Voyons un peu là où nous pouvons les solliciter de manière juste et efficace.

Demandez du soutien affectif

Cela paraît tout bête, mais les encouragements, les paroles chaleureuses, les petits coups de fil pour prendre des nouvelles, les idées judicieuses ou farfelues, un nouvel angle d'attaque de nos questions, les bonnes questions que nous avions oublié de nous poser, la possibilité de partager victoires et coups de mou, évoquer nos peurs... Le soutien des amis est l'un des facteurs qui peut nous faire passer de l'échec au succès, de l'abandon à la continuité de la poursuite de notre rêve.

Normalement, se dit-on, ça devrait être facile, puisqu'avec nos amis nous sommes en lien affectif. Mais pour qu'ils soient en mesure de nous apporter ce soutien à la mesure de nos besoins, il faut les tenir au courant de notre recherche, de nos aspirations, et du type de soutien dont nous avons besoin. Faire ce type de demandes (« J'ai besoin de tes pensées... » ; « Est-ce que je peux t'appeler après avoir passé ce coup de fil difficile ? » ; « J'ai une grosse échéance le 12... ») requiert de l'humilité.

Ce que je vous propose, cher lecteur, c'est d'expérimenter la demande de soutien affectif et de voir comment les amis à qui vous la formulez réagissent ; et ensuite, de faire attention à l'impact que ce soutien a sur vous.

Faites appel à leurs compétences

C'est sans doute la partie la plus délicate (car pour certains, on ne mélange pas l'amitié et le boulot – ce n'est pas à ces amis-ci qu'il faut demander de partager leurs compétences professionnelles). À côté de ces amis qui segmentent, vous avez aussi des amis qui débordent d'idées, d'autres qui ont un super réseau, d'autres qui déchirent en planification financière, d'autres qui ont lu tous les bons livres de développement personnel, d'autres qui savent merveilleusement écouter… À ceux-là, vous pouvez demander de l'aide concrète si ça ne leur pose pas de problème de mélanger amitié et compétences professionnelles.

La condition, c'est que ce soit juste pour eux. Que cela ne leur demande pas un effort trop important, en intensité ou dans la durée – en tout cas, pas un effort qu'ils ne soient pas prêts à accomplir. Mais tous, nous avons des surcompétences, c'est-à-dire des choses que nous faisons facilement, avec plaisir et sans que cela nous demande beaucoup d'effort. C'est cela qu'il faut mobiliser chez vos amis.

Et vous, vos surcompétences, quelles sont-elles ?

Parfois nous les connaissons – je sais par exemple que les idées me viennent facilement, et j'ai appris à les « capter » (elles sont très volatiles) en les notant le plus possible dans un carnet que je garde à portée de main, ou dans les notes de mon téléphone. Quand le sujet m'intéresse, j'écris aussi de manière très concentrée et rapide. Et ce que j'écris intéresse bon nombre de lecteurs, car c'est vivant, chaleureux, sensible. J'ai aussi le don de faire advenir nombre de mes rêves. Le rêve reste un rêve pendant 5 minutes ou vingt ans… mais le plus souvent, il devient réalité. « *You make things happen*[1] », m'a dit un jour mon amie Sophie.

Tout cela, je le sais, notamment car j'ai mené au cours de ma vie un certain nombre d'enquêtes auprès de personnes de mon entourage (parfois professionnel et surtout personnel). Mes « pauvres »

1. Tu fais advenir les choses.

amis savent qu'ils ne sont jamais à l'abri d'un petit questionnaire de derrière les fagots... des questions glanées de-ci de-là et qui m'ont semblé pertinentes pour comprendre comment j'étais perçue, ce que je fais bien, ce que je peux améliorer.

J'ai deux sets de questions en magasin, qui ont produit pour moi des résultats surprenants et riches. À vous de choisir celles que vous avez envie de poser. Un conseil quant à l'attitude :

- Choisissez des personnes bienveillantes.

- Prenez des notes.

- Ne négociez pas ce que vous disent vos amis, ni dans ce qui vous paraît négatif, ni dans ce qui vous paraît positif. Vous ne vous reconnaîtrez pas à 100 % dans ce qu'ils vous diront, et certaines choses vous sembleront injustes d'un côté ou d'un autre. C'est le jeu. Vous venez chercher leur perception, leur point de vue sur vous. Vous venez, grâce à eux, regarder dans votre angle mort. Donc laissez-les s'exprimer, notez, n'argumentez pas et remerciez-les.

Alors voilà mes deux sets de questions à mes amis :

PREMIER SET[2] : TROIS QUESTIONS

1. En quoi me trouves-tu compétente ?
2. Quelle expérience, dans mon parcours, t'a marqué ?
3. Qu'est-ce qui, chez moi, te surprend ou t'a surpris ?

La réponse à ces trois questions peut être une mine d'informations drôles et encourageantes, et donner des idées sur « vers quoi s'orienter ».

2. Ces questions-là, je les tiens d'un exercice proposé par *Psychologies Magazine*. Dans chaque numéro de ce magazine que j'achète et lis, je trouve au moins une pépite et bien souvent plusieurs.

Le second set de questions[3] est beaucoup plus simple dans sa formulation... et beaucoup plus compliqué à recevoir sans argumenter. Il est redoutablement utile pour savoir sur quels points forts s'appuyer et sur quels points faibles on peut choisir de travailler. Ces questions sont :

1. Qu'apprécies-tu chez moi ?
2. Que n'apprécies-tu pas chez moi ?

Idéalement, posez ces questions à une vingtaine de personnes de votre entourage amical et professionnel – ainsi le panel est large et vous pouvez avoir une idée plus juste et pondérée de la manière dont vous êtes perçu. Travailler sur ses points faibles qui posent problème aux yeux des autres, et s'appuyer sur ses grandes forces, les revendiquer, c'est quelque chose qui nous rend plus solide.

Vous restez le pilote

Un dernier conseil concernant les amis. Dans ce qui vous concerne, vous restez le pilote. Votre recherche de vocation, et d'une manière d'en vivre, c'est *votre* projet. À vous « d'employer » ceux qui veulent bien vous aider à bon escient, non seulement dans ce qu'ils peuvent et veulent vous apporter, mais aussi dans ce qui vous fait du bien. Certains amis font merveille au début d'un projet, d'autres à la fin (par exemple) : faites appel à eux dans ces moments-là où leur aide est pertinente pour vous.

Vraiment, vous n'êtes pas obligé de « tout prendre », et vous avez même l'obligation de vous montrer sélectif.

LE CAPITAINE DU BATEAU, C'EST VOUS.

3. Celui-là je le dois à Pierre Girault, mon bilanteur de compétences !

ENTOUREZ-VOUS DE PERSONNES PASSIONNÉES

« Plus je vieillis et plus je trouve qu'on ne peut vivre qu'avec les êtres qui nous libèrent. »

Albert Camus à René Char

J'ai été très étonnée de lire, il y a quelques années, le récit du déménagement de Léo Babauta[1] et de toute sa famille, qui ne comptait pas moins de six enfants. Ils sont partis de l'île de Guam, dont ils étaient tous originaires, à San Francisco, où ils ne connaissaient personne. L'homme était *self-employed*, Eva, sa femme, était « prof au foyer » (les enfants sont scolarisés à la maison, c'est la maman leur professeur). Bref, sur le papier, ils auraient tout à fait pu rester à Guam pour continuer à vivre ainsi. Sauf que, écrivit Léo Babauta sur son blog Zenhabits.net : « L'environnement à Guam

1. L'auteur du blog Zenhabits.net.

n'était pas porteur pour la nouvelle vie qu'Eva et moi souhaitions mener. C'est pourquoi nous avons déménagé à San Francisco. »

Nous sommes extrêmement poreux à notre environnement

Nous sommes influençables aux ondes, aux personnes autour de nous, à leurs habitudes, à leurs aspirations – et ceci, même si on se croit libre. Et comme le dit Léo (en substance, je cite de mémoire) : « C'est tellement difficile de changer une ou plusieurs habitudes dans sa vie, que si on ne se place pas dans un environnement porteur, la probabilité de réussir est faible. » À San Francisco, lui et Eva avaient identifié que l'environnement serait favorable pour leur nouvelle vie de travailleur indépendant, de *home schoolers*, de vegans, de sportifs, de voyageurs, bref, à cette réinvention progressive et profonde qu'ils souhaitaient impulser pour eux-mêmes et leur famille.

Les personnes passionnées par ce qu'elles font sont le plus souvent alertes, enthousiastes, dégagent un niveau d'énergie inhabituel. Elles ont le plus souvent cette générosité des gens heureux, et à la fois, elles ne se laissent pas détourner de leur chemin.

Cette attitude, cet exemple sont inconfortables pour ceux qui ne vivent pas ainsi, qui passent leur vie à moitié endormis, comme l'écrit Christine Lewicki dans son livre *Wake up!* Cela peut rendre jaloux... Et c'est l'objectif de la jalousie : pointer du doigt ce que désire notre cœur... et nous inciter à l'action.

Les passionnés nous montrent que c'est possible

Cette attitude et cet exemple sont extrêmement confortants lorsque nous avons trouvé notre ikigaï – et je dirais même, lorsque nous avons choisi cette vie d'ikigaï. Les autres personnes passionnées (que nous les fréquentions dans la vie réelle ou par livre, blog, cinéma, radio interposés) nous inspirent, nous donnent des idées, nous regonflent le moral, nous font partager leur chemin, témoignent de leurs difficultés surmontées, en un mot elles nous montrent que c'est possible. Elles nous permettent de réajuster notre comportement, nos habitudes lorsque nous menaçons de nous encroûter ou de baisser les bras. Elles nous proposent de nouvelles idées, de nouveaux flux, de nouvelles pistes à explorer, pour le plaisir et la vitalité ou pour renforcer/stabiliser notre position financière.

Passion, passion, passion

Éliminez les léthargiques de votre vie ! Rapprochez-vous de ceux qui ont une vie que vous enviez ! Soit dans la vraie vie, soit en lisant, écoutant, regardant, leurs œuvres, interviews, toute émanation de vos stars vitales personnelles est bonne à prendre.

Cher lecteur, prenez votre cahier, votre stylo, et listez cinq personnes passionnées que vous aimeriez fréquenter davantage. Puis à côté de chaque nom, notez une qualité que vous aimez spécialement chez cette personne. Enfin, énoncez une action que vous pourriez faire pour fréquenter davantage cette personne.

Pour ma part, j'admire :

1. La comédienne Catherine Deneuve car je la trouve mystérieuse, drôle, persistante/je pourrais lui écrire une lettre d'admiration/je pourrais chercher des podcasts où elle parle/je pourrais voir un film où elle joue que je n'ai pas encore vu.
2. L'auteure et professeur Julia Cameron, qui selon moi est pédagogue, généreuse, joueuse, courageuse/je pourrais regarder sa formation sur l'écriture jusqu'au bout/je pourrais lire son livre de prières quand je suis stressée (j'adorerais aussi aller la rencontrer chez elle à Santa Fe et me rendre à l'un de ses séminaires sur l'écriture).

3. Guillemette Faure/fine, sage, drôle/je pourrais lire le livre qu'elle a écrit avec Eva Joly sur l'évasion fiscale ; et prendre plus souvent des cafés avec elle.
4. Dominique Dumas/tenace et élégante/je pourrais appliquer ses conseils sur la vie financière et lui proposer une balade sur les bords de Seine avec mon fox-terrier.
5. Le Padre Tournemine/vigoureux, tendre, sincère/je pourrais aller à la messe plus souvent et m'inspirer de sa manière de prier.

VIVRE AVEC MOINS

« Tu as le droit de travailler,
mais pas de recevoir les fruits de ton travail. »
Krishna à Arjuna, dans la *Bhagavad Gita*

Pour toutes les personnes que j'ai interviewées dans ce livre, l'argent est parfois une préoccupation mais jamais le moteur principal. Il en faut, bien sûr, pour vivre dans un confort relatif, mais ce n'est pas ce qui motive leur vie ni leurs choix de carrière.

Autour de moi, il y a deux genres de personnes, deux attitudes concernant l'équation « argent que l'on gagne/argent que l'on dépense ». Il y a ceux qui adaptent leur mode de vie et de travail aux revenus de l'activité qu'ils ont choisie. Et il y a ceux qui choisissent un travail qui leur permettra d'atteindre le niveau de vie qu'ils désirent.

« Tu veux voyager, pouvoir payer les études de tes enfants, sans te faire enquiquiner par un patron ? Fais médecine », a conseillé l'un de mes bons amis à ses deux filles – qui se sont embarquées dans des études « longuettes » et un métier d'engagement, sans être certaines d'en avoir la vocation. (Les parents de ces deux jeunes filles aiment leur propre boulot « sans plus », et en vivent confortablement.) Ça, c'est la première école de personnes autour de moi – qui c'est vrai, ont la chance de pouvoir choisir.

La seconde école, ce sont des personnes qui ont choisi un métier de sens ou de passion, et ont réussi quand c'était nécessaire (et ça l'est, le plus souvent, quand on démarre une activité) à réduire la voilure pour adapter leurs dépenses (et parfois les dépenses familiales) à leur nouvelle situation.

Lorsque l'on choisit la voie de son ikigaï, comment passer de la sensation de précarité et de paupérisation à la frugalité heureuse ? Prendre une décision de frugalité pour soi, passe, mais ce n'est pas facile de choisir d'entraîner sa famille dans une modification de son style de vie. Comme toujours, cela dépend de la manière dont les choses sont vécues, présentées, intégrées.

Apprendre à vivre avec moins

Je me souviens de la première année lorsque j'ai créé mon agence d'accompagnement éditorial, ma petite Plume de vie. Aller plus souvent à la bibliothèque qu'à la librairie. Acheter des affaires de bonne qualité, de seconde main et durables, plutôt que la dernière mode que tout le monde porte. Réfléchir avant d'aller au restaurant, y aller moins souvent ; manger moins souvent de la viande. Accepter l'aide proposée par les parents, l'aide financière directe, mais aussi pour garder les enfants, pour se loger moins cher. Avoir d'un côté gagné en indépendance, et de l'autre, avoir de nouveau besoin de nos parents, était-ce une bonne nouvelle ?

Vivre avec moins. En devenant, lui indépendant et sa femme *home teacher*, Leo Babauta et sa femme Eva ont renoncé à deux salaires et ont décidé/dû apprendre à vivre avec moins. Pour autant, s'ils étaient prêts à renoncer à de nombreux biens de consommation, une chose était sûre, ils voulaient continuer à voyager, seul (Léo ou Eva), à deux, et en famille. Ils sont devenus végétariens (ce qui correspond à leurs convictions), non-fumeurs (*idem*), quant aux dépenses de jouets ou d'habits... Ils les ont limitées : « Quand je vois quelque chose qui me plaît, j'attends un mois avant de me l'offrir », et de la même manière le mois de novembre est traditionnellement chez eux un mois « sans conso ».

À nous le jeûne de consommation !

Pour la consommation courante, à nous la seconde main, les brocantes, les vide-greniers, les Emmaüs. À nous la question : « En ai-je vraiment besoin ? » Mais que faire quand on a des enfants qui désirent s'inscrire à des stages, partir à l'étranger et s'habiller à la mode ? Comment diminuer les dépenses liées au logement ? En apprenant à bricoler, en utilisant l'échange de services, en décidant de ne se chauffer qu'à partir de novembre jusqu'en mars par exemple. Ou en louant sa maison quand on part en vacances...

Nous sommes à une époque qui, dans une certaine mesure, facilite le recours à la frugalité. Ce n'est plus dévalorisant de se déplacer à vélo plutôt que dans une voiture 4x4. Ce n'est pas une honte d'échanger sa maison pendant les vacances, plutôt que de claquer 1 000 euros par semaine dans une maison de location.

Bref, les voies existent et sont honorables.

Et vous, cher lecteur, à quel poste budgétaire envisagez-vous, ou avez-vous choisi, de réduire la voilure ? Quels sont les petits luxes auxquels vous renonceriez en dernier ?

DO NOT WORRY ALONE[1]

Cher lecteur,

Je dois vous dire que cette section est l'une de mes préférées : j'ai une tendance énorme à me torturer toute seule pendant des jours et des nuits, pour les problèmes suivants :

UNE PRÉOCCUPATION AVEC UN ENFANT • UNE PRÉOCCUPATION AVEC MON HOMME • TOUTE AUTRE PRÉOCCUPATION RELATIONNELLE • UNE PRÉOCCUPATION AVEC LA SANTÉ • UNE PRÉOCCUPATION FINANCIÈRE[2] • NE PAS SAVOIR QUEL PROCHAIN PAS ACCOMPLIR DANS UN PROJET QUI ME TIENT À CŒUR.

Vous savez comment ça se passe, un papier arrive par La Poste, ou une douleur surgit quelque part, ou bien on s'aperçoit qu'on ne sera peut-être pas prêt pour rendre un travail dans le délai convenu,

---

1. Ne reste pas seul quand tu t'inquiètes. Ce concept, ce conseil me viennent d'une émission de l'américaine Marie Forleo, Marie TV, avec le Dr Ned Hallowell, intitulée *Why Smart People Underperform*.

2. Ces angoisses tournent autour de deux questions : 1. À quel moment j'ai merdé ? et 2. Comment me sortir, ou nous sortir, de ce merdier ? (Il y aurait bien des manières plus gracieuses de le dire, mais elles ne seraient pas fidèles à ma manière de penser dans ces moments de noyade dans un verre d'eau.)

ou quelle réponse donner à telle ou telle personne… et tout d'un coup notre univers, qui tenait à peu près le coup jusque-là, s'effondre. Coup de flip. La propension que nous, les humains, avons à faire gonfler un problème (même pas un problème d'ailleurs, juste une pensée qui devient une inquiétude qui se tourne en obsession) jusqu'à ce qu'il prenne toute la place ! C'est énorme !

En quoi cela concerne notre ikigaï, allez-vous me demander ?

Eh bien, quand on s'inquiète, on ne travaille pas – ou pas bien – ou moins bien. Je ne sais pas si vous avez remarqué mais le plus souvent, quand on aime son travail, il roule ! Ce n'est pas le travail qui est difficile, la plupart du temps, mais tout ce qu'il y a autour, les relations compliquées, la paperasse incompréhensible, la gestion du temps, le sien et s'adapter au temps des autres, et puis quand on a des enfants, on s'inquiète pour eux dès qu'ils ont un pet de travers (ou dès que l'on CROIT qu'ils ont quelque chose qui cloche).

Limiter la place de l'inquiétude dans notre vie

Cela nous permet de réaffecter notre intelligence et notre énergie à l'ikigaï, et que ça saute ! Au lieu de continuer à nous noyer dans le verre d'eau.

Le plus souvent, confier cette inquiétude à un cahier, aller faire une marche, convoquer la fée des idées, ça suffit pour faire passer la Valda et trouver justement l'idée ou la marche à suivre pour régler le problème qui nous angoisse.

Mais parfois la jugeotte, l'affection, l'expertise, la force de conviction d'une autre personne nous sont nécessaires pour faire dégonfler la baudruche. L'avis extérieur permet déjà de sortir le problème de soi… et de le replacer dans une certaine réalité.

« BON, TU AS MAL AU SEIN, TU APPELLES UN DOCTEUR ».

« BON, TU ES ANGOISSÉE PAR TA DÉCLARATION D'IMPÔTS, SI TU VEUX ON VA REGARDER ÇA ENSEMBLE. »

Jean-Paul Sartre raconte qu'il refusait le plus souvent de donner un conseil à l'un de ses étudiants lorsque celui-ci le lui demandait. « Si vous venez à moi pour un conseil, disait-il, c'est que vous espérez que je vais vous donner telle ou telle réponse... On choisit toujours celui à qui nous demandons un conseil en fonction de la réponse que nous souhaitons avoir. » Choisissez bien celui ou celle à qui vous allez vous ouvrir de votre inquiétude.

Disponibilité et équanimité

L'autre à qui on parle doit faire partie de ceux qui nous aiment suffisamment pour ne pas nous lâcher tant qu'on n'a pas résolu notre problème, fait dégonfler notre bulle. Il doit être calme (on n'a pas besoin de gérer en plus son inquiétude à lui), rassurant, sans minimiser l'importance de la situation qui vous occupe mais en vous aidant à vous replacer dans la réalité.

Et si le problème est technique et dépasse vos compétences ou celles de votre proche sous la main, allez voir un spécialiste.

Oui, parfois on hésite à dépenser de l'argent et du temps pour se faire aider. Pourtant, confier les sujets qui nous inquiètent et nous dépassent à quelqu'un de compétent pour nous aider à les régler ou leur demander de les régler à notre place, nous permet de retrouver notre concentration là où :

- nous servons le monde ;
- nous éprouvons de la joie ;
- nous sommes bons ;
- nous pouvons être payés.

Et vous, cher lecteur, qu'est-ce qui vous inquiète aujourd'hui ?

Dans quel domaine auriez-vous besoin d'aide ?

Essayez ceci : prenez votre cahier, votre stylo et numérotez vos lignes de 1 à 10. Puis commencez la liste suivante : « J'aurais besoin d'aide pour… »

ELLE A TROUVÉ SON IKIGAÏ

Céline Van Steenbrugghe, directrice communication et marketing d'un groupe financier

Céline et moi sommes des amies proches depuis 1996. Nous nous sommes rencontrées sur le campus d'HEC et sommes devenues amies alors que je vivais une situation difficile et Céline a été avec moi, tranquille, présente, sans me juger. Depuis, c'est ce que nous tentons d'être l'une pour l'autre : présentes, tranquilles (avec parfois du fun et de la profondeur, et des projets), et sans jugement. Notre amitié ne fleurit jamais aussi bien que lorsque nous avons un projet en commun, et nous avons ensemble créé et animé plusieurs réseaux féminins, et couru ensemble de nombreux petits matins sur les bords de Seine, pendant les années bénies où nous étions quasi voisines à Paris. Mais laissons-la parler de son métier et de son entreprise qu'elle adore !

« J'ai rejoint l'entreprise où je travaille actuellement il y a presque huit ans, et je suis directrice de la communication et du marketing pour l'ensemble du groupe. Au départ, nous sommes des acteurs de marché et cet ADN fait notre force : nous exerçons tous les métiers de la finance, banque d'investissement et gestion de patrimoine, pour les particuliers, les institutionnels et les entreprises. Les activités s'enrichissent les unes les autres. C'est un modèle qui n'existe nulle part ailleurs sous ce format.

Dans les deux dernières années, le patron de l'entreprise, qui est mon responsable direct, a choisi, avec le comité exécutif, de faire l'acquisition de trois entreprises allemandes sur la base du constat suivant : la France et l'Allemagne représentent 60 % de la capitalisation boursière de la zone euro. Connaître en profondeur ces deux marchés, c'est être expert sur l'ensemble de la zone. L'Allemagne est le royaume des entreprises familiales et nous en sommes une. La France et l'Allemagne sont le socle du développement de l'UE. Moi qui suis hispanisante et très attachée à l'Espagne, je n'étais pas spécialement emballée par l'Allemagne au départ.

Mon patron a réussi à me faire partager son enthousiasme

Je me suis mise à l'allemand depuis dix-huit mois, je vais à Francfort au moins deux fois par mois et je m'y suis fait des amis. Bref, je me dis : "S'il a réussi à m'entraîner, moi, à aimer l'Allemagne, on pourrait faire partager ce goût de l'Allemagne à tous les Français." Il y a peu de Français qui arrivent à travailler avec l'Allemagne, et aujourd'hui ça fait aussi partie des défis que nous relevons. Jamais je ne serais allée faire mes études là-bas alors qu'aujourd'hui, je me rends compte que non seulement l'Allemagne a beaucoup de choses à nous apprendre, mais qu'il y a aussi beaucoup de partenariats à construire ensemble.

Je travaille dans ce groupe depuis presque huit ans – je ne suis jamais restée aussi longtemps dans une entreprise. C'est la première fois que je ne change pas de poste tous les deux-trois ans (l'intitulé de ma fonction est le même qu'à mon arrivée, directrice de la communication et du marketing, sauf qu'à mon arrivée nous étions 700, et que nous sommes 2 300 aujourd'hui).

Ce que j'aime dans mon métier ?

Dans cette entreprise, nous avons un grand nombre de collaborateurs très spécialisés dans leur domaine. Ils ont une approche très intelligente de ce qu'ils font et ça leur paraît évident… Or, pour le commun des mortels, leur expertise, c'est du chinois. Mon job et celui de mon équipe, c'est de traduire leurs messages et un jargon financier dans des termes qui ne s'adressent pas directement à des experts. J'aime valoriser leur travail en reformulant leurs analyses et le résultat de leurs recherches, à l'attention de personnes qui n'ont pas leur degré d'expertise.

J'aime aussi organiser, j'ai un rôle d'organisation de toute l'image et de tous nos supports de visibilité. Nous avons par exemple des économistes très pointus, et l'un de mes rôles est de valoriser ces experts. Nous organisons avec eux des conférences pour nos clients : ainsi, nous contribuons à mieux former nos clients, et nous renforçons nos liens avec eux.

J'apprécie particulièrement la relation de confiance que j'ai avec mon patron. J'ai un vrai plaisir à travailler avec lui, il déborde d'idées et de projets, il a toujours envie d'avancer avec une énergie impressionnante.

Comment j'ai trouvé ce "job de rêve" ?

Je dirais, par itérations. Depuis que je suis sortie de l'école, je n'ai pas cherché à optimiser ma carrière, je n'ai pas calculé. Je suis tout de suite allée vers quelque chose qui me plaisait – à savoir, le marketing, dans un métier de services, la banque. Je sentais que c'était quelque chose que j'allais avoir plaisir à faire tous les jours. Il y a des moments bien sûr où je suis découragée, l'entreprise c'est dur, c'est injuste. Les jours où je pense cela, je me dis que je dois rester pour transmettre mon enthousiasme, apporter ma façon d'être dans cet univers. Et puis, je suis fière de contribuer à faire avancer l'économie du pays. Régulièrement je me demande : "Est-ce que je trouve du sens à ce que je fais ?" Tant que la réponse est oui, je sais que ça va.

Un équilibre personnel

Je suis mariée depuis dix-neuf ans avec un ingénieur devenu entrepreneur et nous avons une fille adolescente de 15 ans. J'ai besoin d'avoir du temps avec eux, je tiens à notre dîner du soir par exemple. Dans une vie idéale, j'aimerais qu'à 20 heures, on soit tous là pour le dîner… mais pendant la semaine, mon mari a sa casquette de chef d'entreprise et moi je suis entraînée dans mes projets boulots. Bref, disons que deux-trois soirs par semaine, si c'est anticipé, je supporte les absences de l'un ou de l'autre (lui ou moi). Dans notre vie, il y a vraiment la planète de la semaine et la planète du week-end, le week-end on s'arrange pour être presque tout le temps ensemble, au moins tous les deux – notre fille commence à prendre son envol, le week-end, c'est souvent elle qui sort !

Persévérer et écouter son intuition

La qualité principale que j'ai mise en œuvre pour réussir dans cette vie professionnelle ? C'est ma persévérance – je ne m'arrête pas à la première difficulté. Bien sûr, il arrive qu'à certains moments je sois découragée, ou que je décide de ne pas m'acharner coûte que coûte. Mais quand la direction est juste, je trouve la solution. D'ailleurs, des solutions, j'en trouve pour tout le monde ! J'ai vraiment cette capacité à générer des idées, à trouver des façons de présenter les choses d'une manière singulière. J'écris des messages pour le groupe et j'arrive globalement à mettre tout le monde d'accord – si ce n'est pas de la diplomatie, ça !

S'entourer des bons mentors

Une autre qualité qui me sert, c'est d'être à l'écoute de mon intuition et des autres. Et notamment, j'ai écouté ce prof de marketing à HEC qui nous a conseillé de ne pas nous engouffrer dans la grande distribution ou les marques de luxe. Il nous avait dit "Ne soyez pas trop orgueilleux. Allez voir dans les services financiers : d'un point de vue marketing, il y a tout à défricher et vous aurez moins de concurrence que dans les boîtes à la mode." Je me réjouis tous les jours d'avoir suivi son conseil.

Du point de vue de mon intuition, être un bon numéro deux, c'est plutôt le positionnement que je préfère, mais j'ai besoin d'avoir une grande admiration pour la personne avec qui je travaille. C'est important que je me sente en confiance et reconnue. Il faut que je travaille pour quelqu'un qui va à la fois s'appuyer sur moi et me faire progresser. Mes anciens patrons, d'ailleurs, sont souvent devenus mes mentors !

Mon rituel méditatif : le sport

Mon rituel méditatif, c'est ma séance de 40 minutes de sport tous les matins avant de commencer la journée. Pendant des années, ça a été la seule course à pied, aujourd'hui j'alterne avec le vélo elliptique. Quand j'ai un truc que je n'arrive pas à résoudre, le sport m'aère les neurones. Quand je cours, je résous des situations professionnelles, je trouve comment je vais présenter tel ou tel sujet pour que les gens s'y intéressent, pour ne pas qu'ils s'endorment ou regardent leur portable pendant la réunion... La course à pied m'aide à prendre du recul. Quand on est dans des situations bloquées, les réponses faciles et immédiates ne sont pas possibles, sinon on y aurait déjà pensé. En courant, je trouve des solutions innovantes. Et puis, pendant que je cours je me pose certaines questions, comme "Est-ce que cet objectif que je me suis fixé est un bon objectif ?"

Un conseil

Savoir écouter son intuition et écouter ceux qui vous veulent du bien. Ressentir si on est en phase avec sa vie et ceux qu'on aime. Ne pas se mentir à soi-même. Ne pas chercher à optimiser une carrière... Et puis, toujours être dans la recherche, se remettre en question régulièrement.

Mon autre conseil, c'est de se fixer au moins une fois par an, pour la nouvelle année par exemple, des objectifs personnels et professionnels par écrit. Des objectifs honnêtes, atteignables, qui correspondent à ce que l'on est. »

VOUS ALLEZ ÉCHOUER

« Celui qui n'échoue jamais... n'arrive nulle part. »
(C'est de moi)

Il faudrait inventer un nouveau mot pour échec : mettre à la place « expérience gagnée » ; « apprentissage » » ; « prototype » ; « colère engrangée »... lorsqu'on n'a pas réussi du premier coup. Et comme on a vu que la colère était une énergie, se servir de notre colère, « d'avoir raté », pour repartir à l'assaut de cette montagne que nous n'avons pas réussi à gravir – ou d'une autre.

Je suis atterrée par ces personnes qui écrivent des livres et qui, dès la première série de refus d'un éditeur, se découragent. Évidemment que c'est difficile de ne pas être publié lorsqu'on a consacré plusieurs mois ou plusieurs années de sa vie à travailler sur un manuscrit. Et il y a tellement de manières d'être publié. Par un plus petit éditeur. En autoédition. Sur son propre blog. En faisant lire le texte à des amis qui le réclament.

Chaque auteur porte tellement de livres en lui-même !

Ils sont légion, les auteurs qui aujourd'hui ont « pignon sur rue » (c'est-à-dire qui sont édités par des maisons réputées et même certains étant devenus des *best-selling authors*), qui racontent le nombre astronomique de maisons contactées avant d'obtenir un « oui », ou de livres proposés avant qu'un ne soit finalement édité.

Certaines personnes réussissent tout de suite, mais pour la plupart des mortels, atteindre ses objectifs prend du temps. Rappelez-vous quand vous avez appris à marcher, le nombre de séquences où vous êtes tombé puis vous êtes relevé. Si chacun de nous décidait, à la première chute, « Bon, j'abandonne... » nous serions tous en train de ramper. À la fin, sauf à être paraplégique (et ce n'est pas une décision que l'on prend), nous décidons tous d'apprendre à marcher ; plus ou moins tôt, chacun finit par y arriver. Il ne nous viendrait même pas à l'idée que nous pourrions décider de ne pas marcher. Et pourtant, on en aura fait des chutes avant d'y parvenir !

Célébrer les progrès

Eh bien, pour notre vocation, c'est la même chose. Nous allons nous élancer, nous allons tomber, nous devons nous relever, nous élancer de nouveau, et certainement retomberons-nous de nouveau. Il nous reste donc à nous prendre au sérieux dans cette vocation professionnelle et de vie, comme nous nous sommes pris au sérieux dans notre vocation d'êtres marchants.

Lorsque nous apprenions à marcher, nous étions fortement encouragés par nos parents. Ils nous tenaient la main, nous tendaient les bras, s'extasiaient devant nos progrès, et quelle fête lorsque nous avons réussi notre première série de pas ! La célébration des progrès était présente à chaque étape du processus.

Peut-être avons-nous besoin, encore à notre âge, d'avoir auprès de nous des êtres qui savent que nous allons y arriver ; qui nous montrent que l'on peut y arriver ; et qui nous encouragent à chaque étape, aussi petite soit-elle, et remarquent nos progrès.

Persister dans l'action

Rappelez-vous toutes les dictées, tous les exercices de maths, toutes les évaluations sur lesquels vous avez « souffert » au long de votre scolarité. Lorsque vous n'aviez pas 20/20, c'était normal : vous étiez en train d'apprendre, la notion était en cours d'acquisition. Eh bien, lorsque l'on se fixe un nouvel objectif, on peut dire aussi que la notion est en cours d'acquisition.

IL N'Y A QU'UN SEUL REMÈDE À L'ÉCHEC : TENTER UNE NOUVELLE ACTION.

Car ce n'est pas le temps qui guérit les échecs, c'est de faire : retenter ce qui a été tenté, ou tenter autre chose, mais agir plutôt que ruminer. « Déjà essayé. Déjà échoué. Peu importe. Essaie encore. Échoue encore. Échoue mieux », a écrit Bertolt Brecht.

La voilà, notre feuille de route. C'est très rare en vérité que le résultat de nos actions colle précisément à ce que nous en attendions. Notre job est de faire le travail – mais le résultat est lié à tellement de critères qui ne dépendent pas de nous ! Alors quoi, se laisser démonter par un échec ? Si on y réfléchit bien, quelle folie !

NOTRE JOB EST D'ESSAYER, DE FAIRE DE NOTRE MIEUX, DE RÉAJUSTER LE TIR, ET DE RÉESSAYER, ENCORE, ET ENCORE, ET ENCORE. C'EST CELA LA RÉUSSITE : DE PERSISTER DANS L'ACTION, LE PLUS SOUVENT INFIME, UNE À LA FOIS.

Et de tirer de cette somme d'actions suffisamment de plaisir et de satisfaction pour que cela nous aide à tenir, à continuer à faire le job jusqu'à ce qu'*éventuellement* arrive la reconnaissance. *Go.*

Et vous, mon lecteur, quelle est votre attitude face à l'échec ?

IL A TROUVÉ SON IKIGAÏ

Grégoire Van Steenbrugghe, précepteur et directeur d'école, fondateur du Cours du Pont de Pierre

Grégoire est le mari de mon amie Céline. Comme Bernd avec Martine, et avant eux (Céline est une de mes viiiiieillllles amies, Martine ma plus récente amie), je suis devenue amie avec Grégoire. J'aime avant tout chez lui sa tendresse, son enthousiasme, sa générosité et le fait qu'il ait cherché sans relâche ce qui allait le rendre heureux et fier professionnellement – et bien sûr, il a trouvé !

« Sur un plan personnel, je suis marié depuis dix-neuf ans avec Céline et nous avons une fille de 14 ans. Sur le plan professionnel, je suis précepteur. J'enseigne auprès d'élèves en rupture avec le système scolaire traditionnel, et directeur d'école. Moi-même, je n'ai pas toujours été très heureux à l'école… Avec le Cours du Pont de Pierre, j'ai voulu créer l'école dans laquelle je me serais épanoui.

J'aime transmettre du savoir et du savoir-être, et voir les élèves grandir. Pour la plupart d'entre eux, j'éprouve un frisson quand je vois le cheminement qu'ils ont fait. Évidemment, certains enfants, 1 sur 10 environ, sont hermétiques à ce que nous leur proposons et rien ne bouge chez eux – en tout cas, pas à court terme, ou pas ce que moi j'aurais souhaité pour eux. Je me console avec la pensée que peut-être à long terme, quelque chose surgira, même si je ne serai pas là pour le voir.

Un long chemin

Ça a été un long processus pour trouver mon ikigaï, beaucoup beaucoup d'essais et de changements d'entreprise et de tentatives de création d'entreprise. Je n'ai jamais réussi à tenir plus de dix-huit mois dans un poste, trois ans dans la même entreprise, ça a été mon record ! Je ressentais de l'excitation au début et très vite, j'estimais avoir fait le tour du poste. Pendant des années, cette instabilité m'a inquiété, je la trouvais problématique.

J'ai été accompagné par des coachs, par une thérapeute fantastique, j'ai fait plusieurs essais de boîtes qui n'ont pas marché, j'ai beaucoup prié, et je me suis efforcé de suivre mes intuitions.

J'ai tâtonné pendant quinze ans, mais je n'ai jamais lâché le projet d'entreprendre. J'ai toujours eu le souhait de créer, avec la boule au ventre. Et là, depuis que j'ai créé le Cours du Pont de Pierre, je n'ai plus jamais la boule au ventre. Je ressens un sentiment d'alignement, entre ce que je fais et qui je suis. J'ai le sentiment d'apporter quelque chose et d'être à ma place.

Ma foi a décuplé ces dernières années – c'est peut-être pour cela aussi que je n'ai plus peur.

Du courage

La qualité principale que j'ai mise en œuvre, pour trouver cette voie qui est faite pour moi, c'est le courage. Pour sortir d'une situation dans laquelle je suis confortablement payé, pour passer dans un système où au départ je ne vais plus gagner d'argent – être entrepreneur, c'est une situation très exposée, où il y a des dangers de tous les côtés et dans laquelle tu avances sans filet. C'est un peu fou d'entreprendre !

Et puis je me suis accroché. J'ai aussi beaucoup prié, beaucoup écouté. J'ai senti des besoins et eu l'intuition de certaines solutions. Je ressentais l'envie profonde de mettre du sens dans ma vie.

Un élément familial stable

Les facteurs dans mon environnement qui ont favorisé l'émergence de cette vocation, c'est avant tout un élément familial stable, le soutien de ma femme et de notre fille ; et puis, de belles rencontres, telles que celle avec la psychothérapeute Catherine Aimelet-Périssol. Ma quête passait par un travail sur moi et les discussions avec Catherine m'ont aidé à faire sauter plusieurs verrous et à casser des schémas. J'ai toujours un lien avec elle via *son fils qui donne des cours de théâtre, et sa sœur qui est psychopédagogue et accompagne plusieurs de nos élèves.*

La prière

Mon rituel méditatif, c'est la prière. Mais, au Cours du Pont de Pierre, on médite avec les élèves une fois par semaine. 5 minutes de calme, ça les fait flipper mais après ils sont plus posés. Ce sont les 5 minutes les plus longues de leur semaine ! Pour ma part, j'ai commencé par la méditation et très vite je suis passé en oraison. Pour prier, je suis les conseils du pape François, qui recommande d'aller du plus large au plus proche, et de finir par moi. J'ai un coin prière à la maison... Et le soir, je rends grâce.

Vivre de ce qui a du sens pour moi

J'ai créé un modèle économique qui jusqu'à présent fonctionne. L'alignement de cette entreprise avec ma personnalité et mes valeurs, je l'ai perçu dès le début, quand j'ai vu les portes s'ouvrir devant mon projet. J'ai trouvé les locaux de l'école d'une manière très peu conventionnelle alors que ma trésorerie était quasi épuisée, et grâce à ce coup de pouce du destin, on a pu ouvrir l'école. Quand ces choses-là commencent à t'arriver, tu te dis que tu es sur le bon chemin.

Alors bien sûr, un conseil que je pourrais donner à quelqu'un qui cherche sa voie professionnelle, c'est de s'accrocher. Continuer. Prier. Croire qu'il y a un chemin pour soi. Travailler sur soi – car c'est d'abord en soi que se trouve la solution.

C'est sûr que changer, se changer, c'est compliqué. Mais le matin quand je me lève, j'ai la banane. Les problèmes ne sont plus des problèmes. Le jour où on a trouvé son alignement, on peut tout affronter. »

ACCUEILLEZ UN NOUVEAU FLUX DANS VOTRE VIE

« Le meilleur moment pour planter un arbre, c'était il y a 40 ans. Le deuxième meilleur moment, c'est aujourd'hui. »

Proverbe chinois

Si je faisais la liste de toutes les choses dont j'ai dit « Ce n'est *pas* pour moi » ou « Ce n'est *plus* pour moi », on pourrait remplir des pages et des pages.

JE NE TIENDRAI PAS DE BLOG • LA COURSE À PIED, CE N'EST PAS MON TRUC • JE NE REMETTRAI PLUS LES PIEDS DANS LA FORMATION PROFESSIONNELLE • OH NON, LA GUITARE, CE N'EST VRAIMENT PAS UN INSTRUMENT QUI ME TENTE ! • JE NE VEUX PLUS RIEN AVOIR À FAIRE AVEC CE MEC.

Et puis en fait, tout cela, je l'ai fait, et refait. La vie me l'a présenté et représenté. Pour ma plus grande joie, je suis devenue coureuse, guitariste, blogueuse, et formatrice professionnelle – pour le dernier, en en tirant un revenu « vivable » et une grande joie, de chercher, de rencontrer, de transmettre, d'assumer mon style.

C'est tentant de s'enfermer dans l'image que l'on a de soi-même. Une image figée, statique, « Je suis » ; « Je ne suis pas » ; « Je fais » ; « Je ne fais pas ». Si ce que l'on est, ce que l'on fait, nous satisfait, en un mot si on a trouvé sa voie, alors pas de problème, il s'agit « juste » de creuser et de ronger ce fameux os personnel. Et même encore, même dans ce cas, l'attention à de nouveaux flux est utile car elle nous emmène, au sein même de notre vocation, sur de nouvelles pistes, qui viennent l'enrichir et la nourrir.

Lorsque Anne-Sophie Roquette a créé l'Atelier 13, elle était d'abord une jeune maman, ancienne marathonienne qui était tout d'un coup forcée de passer de longues heures à la maison avec ses deux toutes petites filles. La journée, elle poursuivait son travail dans une banque d'affaires, et le soir et le week-end, pour ne pas devenir folle à force d'inaction, et parce qu'elle avait besoin de sentir que tout ce temps passé à la maison était fécond et pas juste consacré à regarder les enfants dormir, elle a appris à tricoter... à crocheter... à coudre... Elle a présenté ses créations (foulards, sacs, pour femmes actives et raffinées) à des amies... puis les a montrées sur Internet... elle a commencé à avoir ses premières clientes... Puis elle a étoffé ses propositions, a créé une marque, tout en continuant son job dans la banque d'affaire. Un beau jour, sa marque avait trois ou quatre ans, les commandes continuaient à affluer, et elle a eu envie de se consacrer entièrement à son propre projet. Elle a dit stop à la banque.

La question à se poser régulièrement, lorsque l'on recherche son ikigaï (ou lorsqu'on l'a trouvé et qu'on cherche à en vivre de manière durable), est :

Y A-T-IL UNE PETITE RIVIÈRE QUI AUJOURD'HUI IRRIGUE DOUCEMENT MA VIE, QUELQUE CHOSE QUI M'AMUSE, ME STIMULE, ME TITILLE, PLAÎT AUX AUTRES, A DU SENS POUR MOI, ET DONT JE POURRAIS COMMENCER À FAIRE UN BUSINESS ?

Swiss Miss, qui, lorsqu'elle a créé Tattly, était graphiste freelance, le dit aussi : « Prenez garde à vos projets chouchous (« *pet projects* »), ils pourraient bien devenir votre métier de demain. » Et c'est vrai que la rémunération pour les tatouages en décalcomanies, designés par des artistes américains, ajoute une petite rentrée d'argent à l'équilibre financier de ces artistes. Pour les personnes comme moi qui rêvent d'un tatouage et en craignent la douleur et le côté définitif, cette solution est idéale et amusante. Enfin, pour les marques partenaires qui commandent des tatouages sur mesure, le *goodie* est valorisant et renforce leur image de cool. Swiss Miss, quant à elle, est heureuse de gagner sa vie en employant des personnes qu'elle estime, dans une ambiance chaleureuse, un lieu de travail magnifique – et tout cela se ressent sur nous les clients, comme lorsque l'on reçoit les tatouages par la poste dans des enveloppes écrites à la main et avec de vrais timbres de collection, « comme si c'était notre maman qui nous l'envoyait »[1].

1. La maman de Swiss Miss est restée en Suisse et doit souvent lui envoyer de merveilleux paquets remplis des surprises suisses que sa fille ne trouve pas à Brooklyn.

Pour en revenir à vous. Peut-être qu'un jour, ce tout petit ruisseau qui irrigue votre vie d'aujourd'hui deviendra votre business principal. En attendant, ce n'est peut-être pas encore le moment de lâcher le gagne-pain qui vous fait vivre.

C'est peut-être en revanche le bon moment pour vous demander :

• Qu'est-ce qui aujourd'hui, dans ma vie, me fait plaisir et me fait vibrer ?

• Quelle activité m'aide à tenir le coup ?

• Quelle activité a trouvé un écho extérieur et un début de demande ?

• Comment pourrais-je donner à cette activité une place plus importante dans ma vie ?

• Comment pourrais-je accroître sa surface sociale, ou financière – me faire payer, ne serait-ce que très peu pour commencer ?

Oui, demander comment l'on pourrait vendre cette chose qui nous amuse, à qui (même pour une somme modique), et le faire, c'est un très bon début pour fortifier ce flux dont la musique enchante votre cœur.

EN GUISE DE CONCLUSION : CONFIANCE, PERSISTANCE, COURAGE !

- Confiance dans le fait que l'on va trouver une voie pour soi.
- Ouverture aux conseils (des autres), aux expériences (les siennes), aux résonances (intérieur-extérieur), aux appels.
- Courage de choisir une voie qui, le plus souvent, n'a rien d'évident, ni de confortable.
- Hard work.
- Persistance dans cette recherche, puis dans cette voie.
- Pragmatisme pour réussir à en vivre.

Cela demande des grandes qualités de trouver et ensuite de vivre avec son ikigaï. Et lorsqu'on aime. Lorsqu'on s'amuse. Lorsqu'on développe ses compétences et son champ d'expériences. Lorsque ce que l'on fait chaque jour a du sens. Lorsqu'il y a un besoin et donc souvent un marché pour ce travail... Des ailes nous poussent, pas vrai ?

« Fais un travail que tu aimes et tu ne travailleras plus jamais », a dit Confucius. C'est tout le bien que je vous souhaite !

Christie

NOTES

NOTES

NOTES

NOTES

NOTES

NOTES

NOTES

NOTES

NOTES

NOTES